ミネルヴァ日本評伝選

仁徳天皇

煙立つ民のかまどは賑ひにけり

若井敏明著

ミネルヴァ書房

刊行の趣意

「学問は歴史に極まり候ことに候」とは、先哲荻生徂徠のことばである。

歴史のなかにこそ人間の智恵は宿されている。人間の愚かさもそこにはあらわだ。この歴史を探り、歴史に学んでこそ、人間はようやくみずからの正体を知り、いくらかは賢くなることができる。新しい勇気を得て未来に向かうことができる。徂徠はそう言いたかったのだろう。

「ミネルヴァ日本評伝選」は、私たちの直接の先人について、この人間知を学びなおそうという試みである。日本列島の過去に生きた人々の言行を、深く、くわしく探って、そこに現代への批判を聴きとろうとする試みである。日本人ばかりではない。列島の歴史にかかわった多くの異国の人々の声にも耳を傾けよう。

先人たちの書き残した文章をそのひだにまで立ち入って読み、彼らの旅した跡をたどりなおし、彼らのなしとげた事業を広い文脈のなかで注意深く観察しなおす——そのとき、はじめて先人たちはいまの私たちのかたわらによみがえってくる。彼らのなまの声で歴史の智恵を、また人間であることのよろこびと苦しみを、私たちに伝えてくれもするだろう。

この「評伝選」のつらなりのなかから、列島の歴史はおのずからその複雑さと奥ゆきの深さをもって浮かび上がってくるはずだ。これを読むとき、私たちのなかに新たな自信と勇気が湧いてきて、その矜持と勇気をもって「グローバリゼーション」の世紀に立ち向かってゆくことができる——そのような「ミネルヴァ日本評伝選」にしたいと、私たちは願っている。

平成十五年（二〇〇三）九月

上横手雅敬
芳賀　徹

小灘一紀筆「仁徳天皇国見の図」（高津宮蔵）

大仙古墳（仁徳天皇陵）（後方）と上石津ミサンザイ古墳（履中天皇陵）（前方）
（時事通信フォト／朝日航洋）

はしがき

大阪府堺市の大仙《だいせん》古墳は、墳丘の長さが約四九〇メートルにも及ぶ日本最大の前方後円墳である。この古墳は現在、第十六代仁徳天皇《にんとくてんのう》の陵墓に指定され、宮内庁の管理下にある。この大仙古墳周辺には大小の古墳が集中していて、百舌鳥《もず》古墳群と呼ばれているが、かつてはその数は百二十にも及んだという。

これだけでもある意味驚きだが、時代をほぼ同じくして、堺市の東、羽曳野市と藤井寺市には仁徳天皇の父、第十五代の応神《おうじん》天皇の陵とされる誉田山《こんだやま》古墳をはじめとする古市《ふるいち》古墳群が営まれていた。このような巨大な墳墓が造営された時代は、いったいどのような時代だったのか。

三世紀の日本の一部について割と詳細な記事を載せる『魏志』倭人伝から、いわゆる倭の五王について記す『宋書《そうじょ》』倭国伝まで、中国史料から日本列島の情報はなくなって、その間の四世紀が「空白の四世紀」などと呼ばれていることは、知られているかもしれない。

他方で、目を国内の史料に転じると、こと『日本書紀』に関しては、第十四代仲哀《ちゅうあい》天皇の九州遠征から神功《じんぐう》皇后の時代を経て、応神天皇の時代に至るまでは、百済《くだら》との外交記事を基軸にして年代を特定できる事項が多く、高句麗の『広開土王碑文』などと照らし合わせることで、政治・外交史がかなり復元できるのである。

このうち応神天皇の時代までの動向については、先に拙著『邪馬台国の滅亡』において、その概略を叙述した。

ところが、次の仁徳天皇の時代になると事情は一変し、『日本書紀』も『古事記』も宮廷スキャンダルと皇位継承の際の王族間の内紛が物語化して語られるのみといっても過言ではない。『宋書』倭国伝が断片的な倭国と宋との通交を示すのみで、その情報は『魏志』倭人伝に遠く及ばないこととあいまって、実は五世紀こそ「空白の世紀」と呼んでもいい状況だと私は思っている。

本書は、そのような認識に立って、仁徳天皇を中心とした時代の政治史を復元しようとしたものである。私はかねてから、当時の政治過程を具体的に考察するには『古事記』や『日本書紀』を活用する以外に方法はないと考えており、本書でもその考えは変わらない。

したがって、本書に対して、ただ単に『古事記』『日本書紀』をリライトしただけではないかという批判があるかと思う。だが私は少ない文献史料でどこまで言えるのか試してみたかったのであり、新たな探求はその次の段階だと思っている。そのため、考古学の成果についてはほとんど取り入れなかった。それは私の力不足に負うところが大半ではあるが、とりあえず文献のみで言えるところまで言ってみたいという思いもあったのである。

この方法については、いまだ十分な理解を得ているとは言いがたい状況だが、前著でも述べたように、とりあえず、一定の見通しを立てることから、新たな研究が始まると信じているのである。

なお、「仁徳天皇」など、いわゆる漢風諡号《しごう》と天皇号の組み合わせは、当然この時代にはなかったが、本書では便宜上使用した。また人名表記で、漢字では煩雑と思える際にカタカナ表記をまじえたのも同じことである。それ以上の意味はないことを、念のため言い添えておきたい。

仁徳天皇——煙立つ民のかまどは賑ひにけり

目次

はしがき

目次

図版写真一覧

関係系図

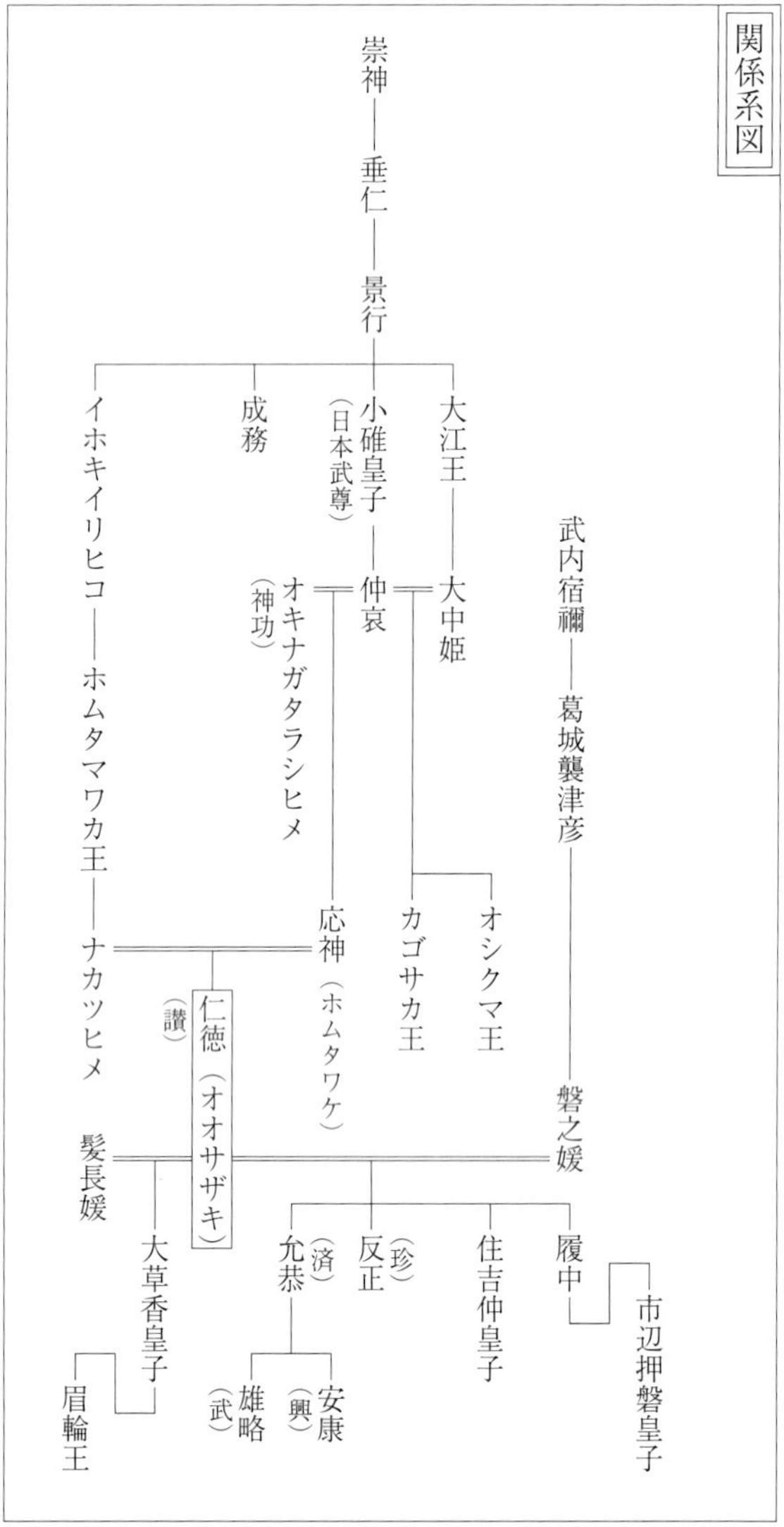
崇神
垂仁
景行
大江王
小碓皇子（日本武尊）
成務
イホキイリヒコ
大中姫
仲哀
オキナガタラシヒメ（神功）
ホムタマワカ王
武内宿禰
葛城襲津彦
オシクマ王
カゴサカ王
応神（ホムタワケ）
ナカツヒメ
仁徳（オオサザキ）
（讃）
磐之媛
髪長媛
履中
市辺押磐皇子
住吉仲皇子
反正
（珍）
允恭
（済）
安康
（興）
雄略
（武）
大草香皇子
眉輪王

関係地図

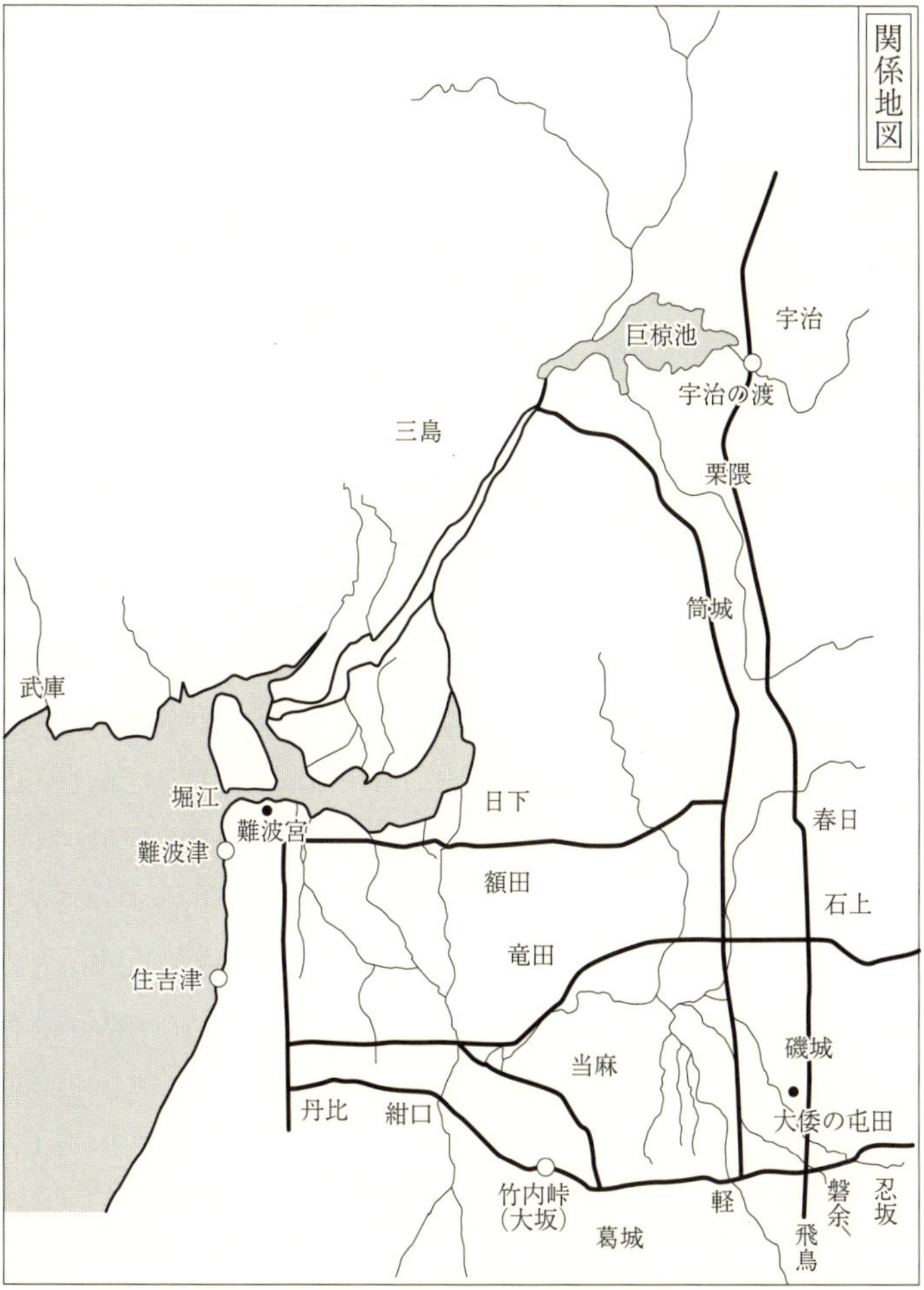
宇治
巨椋池
宇治の渡
三島
栗隈
筒城
武庫
堀江
難波宮
難波津
日下
春日
額田
石上
竜田
住吉津
磯城
当麻
大倭の屯田
丹比
紺口
竹内峠
(大坂)
軽
葛城
磐余
忍坂
飛鳥

第一章　オオサザキの登場

1　応神・仁徳朝の実年代

父・応神天皇の生没年

最初に、本書の主人公である仁徳天皇の実年代を確かめておくこととしよう。仁徳天皇はその名をオオサザキ（大雀、大鷦鷯）と呼ぶ。周知のように、応神天皇の皇子である。この応神天皇こそ、初期の天皇のなかで生没年をほぼ推定できる稀有な例なのである。そこでまず、応神天皇の実年代を考えよう。

応神天皇は、父の仲哀天皇と母のオキナガタラシヒメ、つまり神功皇后が北部九州に遠征している際に生まれた。すでに拙著『邪馬台国の滅亡』で考証したように、彼らの遠征は三六五年頃で、翌年の三六六年頃には仲哀天皇は現地で死去したとみられるから、応神の誕生もその頃とみて間違いない。

次にその没年を考えるうえで注目すべきなのが、『日本書紀』応神三十七年二月朔条である。

阿知使主《あちのおみ》・都加使主《つかのおみ》を呉《くれ》に遣して、縫工《ほうこう》を求めしむ。爰《ここ》に阿知使主等、高麗国に渡りて、呉に達らむと欲ふ。則ち高麗には至れども、更に道路を知らず。道の知るものを高麗に乞ふ。高麗の王、乃ち久礼波・久礼志を副へて、導者とす。是に由りて、呉に通ることを得たり。呉の王、是に、工女兄媛・弟媛、呉織、穴織、四の婦女を与ふ。

〔現代語訳〕

この年、阿知使主と都加使主を呉に遣わして縫工を求めたが、彼らは高麗つまり高句麗に渡って呉に行こうと思った。要は高句麗経由で呉に行こうとしたわけだが、高句麗に行っても道が分からないので、高句麗に呉への道を知っている者を乞うたら、高句麗王は久礼波・久礼志をナビゲーターとして付けてくれたので、呉に行くことができた。呉の王は兄媛・弟媛・呉織・穴織の四人の女性を与えたという。

この使節は、『日本書紀』によれば応神四十一年二月、応神天皇が没したのと同じ月に筑紫、つまり九州に戻ってきたという。

是の月に、阿知使主等、呉より筑紫に至る。時に胸形大神《むなかた》、工女等を乞はすこと有り。故、兄媛を以て、胸形大神に奉る。是則ち、今筑紫国に在る、御使君の祖なり。既にして其の三の婦女を率て、津国に至り、武庫《むこ》に及りて、天皇崩りましぬ。及ばず。即ち大鷦鷯尊に献る。是の女人等の後は、今の呉衣縫・蚊屋衣縫、是なり。

〔現代語訳〕

阿知使主らが呉から筑紫（九州）に帰って来た。この時、胸形つまり宗像の大神が工女を欲したので、兄媛を神に奉った。これが筑紫の御使君の祖となった。それ以外の三人は阿知使主らと武庫に至った時に、応神天皇が亡くなったので、オオサザキのちの仁徳に献上された。呉衣縫・蚊屋衣縫がこれであるという。

呉とは中国の南部、江南地方を指す。この伝えは、筑紫の御使氏や呉衣縫・蚊屋衣縫の起源譚として説話化してはいるが、高麗（高句麗）の使者とともに中国に至ったということなどからみて、『晋《しん》書《じょ》』安帝《あんてい》紀の義熙《ぎき》九年（四一三）にみえる「是歳、高句麗・倭国及び西南夷銅頭大師並びに方物を献ず」という記載に該当するものである。

この『晋書』の記事については、当時倭国と高句麗が対立していたことから、疑問視する向きもある。たしかに高句麗の『広開土王（好太王《こうたいおう》）碑文』には、三九一年以来の倭国の朝鮮出兵が記されており、四〇〇年と四〇四年には高句麗と交戦して敗北しているのも確かである。

しかし、そのような戦争状態がその後も引き続いていたかどうかは疑問である。事実『日本書紀』によれば、応神二十八年九月丁巳に高麗の使者がやって来たという。『日本書紀』はそれを「朝貢」と記すが、実際はそのようなものでなかったことは、『日本書紀』の記述自体からもいえる。

高麗王、使を遣して朝貢す。以て上表す。その表に曰く「高麗王、日本国に教ふ」と。時に太子菟道幼稚郎子《うじのわきいらつこ》、其の表を読み、怒りて高麗の使を責む。表状、無礼を以て、その表を破りぬ。

〔現代語訳〕

高句麗の王が使節を遣わして「朝貢」して来た。この時の高句麗の表つまり国書には「高句麗王、日本国（当時は倭国だったろう）に教える」という文言があって、太子のウジノワキイラツコが怒って、高句麗の使節を責め、その国書を破り捨てた。

つまり、高句麗は半島での戦勝の勢いに乗って、かなり高圧的な態度をとって倭国との外交を進めようとしていたのである。倭国はそれに対して屈服した態度はとらなかったものの、おそらくは出兵するほどの余裕はなかった。少なくとも高句麗との間での「熱い戦争」の時代はひとまず終了しており、緊張しながらも外交関係が成り立っていたとみてよい。

近現代の例をみても分かるように、国際関係はめまぐるしく変化する。固定的な考えで国家間のあり方をみると、見失うものがあることを銘記しておくべきだろう。

このように考えれば、『晋書』の伝える四一三年の使者は、応神天皇最晩年に派遣されたものとみて間違いはない。そして、その使者が帰国した直後に天皇が没したのだから、それは四一三年から遠からぬ時期、おそらくは四一四年ないし四一五年頃となろう。つまり仁徳天皇の父、応神天皇は、三六五年頃に生まれ、四一五年頃に死去したことがまず確実なのである。

ちなみに、『日本書紀』は三八五年の百済の辰斯王《しんしおう》の即位を神功紀で述べており（六十五年条）、その頃は応神の母、神功皇后が摂政を務めた時期だと認識している。神功紀は六十九年で終わるから、『日本書紀』は神功の死去を三八九年とみている。いっぽう三九二年の百済の阿花《あか》（華）王《おう》の即位は『日本書紀』の応神三年で、この間年数に矛盾はない。これらになんらかの根拠があるとすれば、応神の即位は三九〇年とみるのが妥当だろう。

仁徳天皇の生年

では次に、この結論をふまえて、その子、仁徳天皇の実年代を考証してみよう。

まず、その生年だが、もとよりそれは明らかではない。しかし、あとで触れるように仁徳は応神の四男だと思われるので、父が即位した三九〇年頃にはすでに生まれていたとみるのが妥当だろう。二十五歳の時の子として三九〇年生まれとなる。つまり、彼の前半生は父、応神天皇の治世と重なるわけだ。本書でしばしば応神天皇の時代に触れるのは、そのような年代観にもとづくからである。

倭の五王の比定

次にその没年だが、これはいわゆる倭の五王の問題と関連している。倭国の外交については後で検討するとして、いまは五王と歴代天皇との比定に限定して考える。

『宋書』倭国伝は、五世紀を通じて宋に朝貢した倭国の五人の王を伝えている。その最初は「讃《さん》」と名乗った王で、四二一年と四二五年に宋に使者を派遣したとある。

高祖の永初《えいしょ》二年（四二一）、詔して曰く、「倭讃、万里貢を修む。遠誠宜しくすべく、除授を賜うべし」と。太祖の元嘉《げんか》二年（四二五）、讃、また司馬曹達《しばそうたつ》を遣わして表を奉り方物を献ず。

讃に続く王が珍《ちん》で、その時は「使持節都督倭・百済・新羅《しらぎ》・任那《みまな》・秦韓・慕韓六国諸軍事、安東大将軍、倭国王」と自称していたとある。これらの称号の意味することついては後で考えることとしよう。

讃死して弟珍立つ。使を遣わして貢献し、自ら使持節都督倭・百済・新羅・任那・秦韓・慕韓六国諸軍事、安東大将軍、倭国王と称し、表して除正せられんことを求む。詔して安東将軍・倭国王に除す。珍、また倭隋等十三人を平西・征虜・冠軍・輔国将軍の号に除せんことを求む。詔して並びに聴す。

なお倭国伝では、珍の即位や朝貢使派遣の年次は分からないが、『宋書』の文帝本紀に元嘉十五年（四三八）の遣使が記されているのに該当するのだろう。

そのあとに続くのが済《せい》であって、元嘉二十年（四四三）に使いを遣わし、同二十八年（四五一）に叙任されている。

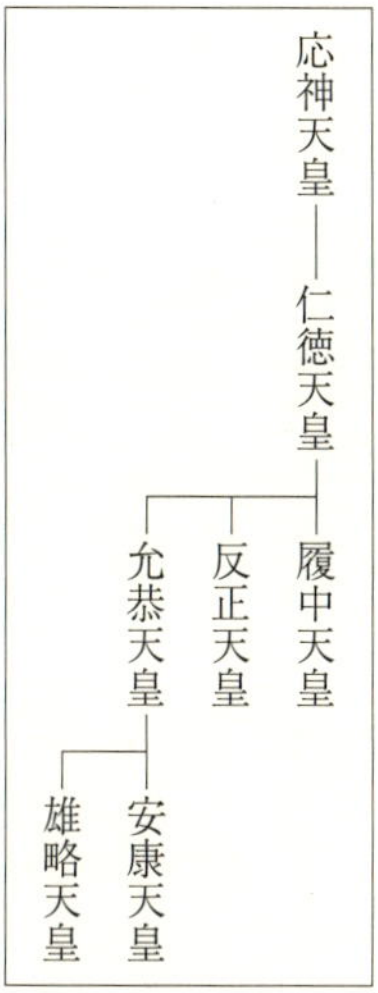

関係系図

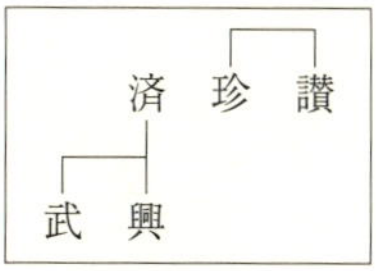

倭の五王

二十年、倭国王済、使を遣わして奉献す。また以て安東将軍・倭国王となす。二十八年、使持節都督倭・新羅・任那・加羅《から》・秦韓・慕韓六国諸軍事を加え、安東将軍は故の如く、並びに上る所の二十三人を軍郡に除す。

さらに、済の死後、世子《せいし》の興《こう》が使いを派遣して「安東将軍・倭国王」に任命され（大明六年、四六二）、興の死後には弟の武《ぶ》が立って、昇明二年（四七八）には「持節都督倭・新羅・任那・加羅・秦韓・慕韓六国諸軍事、安東大将軍、倭王」に除されたという。

この五人の王のうち、最後の武が雄略《ゆうりゃく》天皇、その兄の興が安康《あんこう》天皇、両人の父の済が允恭《いんぎょう》天皇であることはまず疑う余地がない。問題は、讃と珍、とくに讃の比定である。珍については反正《はんぜい》天皇とみることでほぼ一致しているが、讃については、履中《りちゅう》、仁徳、応神の諸説が対立している状況である（笠井倭人『研究史　倭の五王』）。

しかも、さらに厄介なのは、『宋書』には珍と済の間柄が記されていないことである。このことから、記紀つまり『古事記』『日本書紀』に記された皇統譜に疑問を投げかける見解もある。

しかし、私はここから問題をふくらませて、初期の大王の血統について複雑な議論を展開するのには躊躇する。とくに注意したいのが、倭国伝での倭国王の記され方である。ここでは「讃、（中略）方物を献ず」とか「讃死して弟珍立つ」、「済死す。世子興、使を遣わして貢献す」、「興死して、弟武立ち」あるいは「武を（中略）倭王に除す」というように、称号を付けずに名前だけで記されるのが通例である。それに対して済のみが、「倭国王済、使を遣わして奉献す」と、称号を付けて唐突に記されるのは異質な感が否めないのであって、あるいは「二十年」と「倭国王」の間、もしくは「倭国王」と「済」の間になんらかの文章の脱落も予測されるのではないだろうか。とくに後者の場合、元嘉二十年（四四三）の遣使は前の珍の可能性が出てくるが、本書ではこれ以上の推測は慎しみ、四四三年の遣使は済のこととして議論を進める。

このように『宋書』の記載にも問題があるので、私は倭の五王については、記紀の皇統譜と関連させて論じるのが穏当だと思う。

倭国王讃こそ仁徳天皇

では、倭国王讃とはいったい誰なのか。まず応神説については、ここまで述べてきたように、四一五年頃に死去したとみられるから成立の余地はないだろう。

その続柄からみれば、珍＝反正の兄である履中が最もふさわしいが、そうすると、履中は四二一年には即位していたこととなり、仁徳の在位期間が極端に短くなる。しかも、後で検討するように、応神の死後、王位をめぐって内紛があり、仁徳は応神の死後すぐには王位についていない。したがって、讃＝履中説に立てば、仁徳の在位期間はほとんどなくなってしまう。

それに対して、讃＝仁徳説に立てば、履中は宋に使いを送らなかったことになるが、その在位期間は、讃のあと、四三八年の珍（反正）の遣使までのスペースに納まればよいことになる。私はその方が無理のない想定だと思う。

さらに、『日本書紀』仁徳五十八年十月条の「呉国・高麗国、並びに朝貢」という記事が、中国との交流をかすかに伝えていることも重要だ。倭王武であることが確かな雄略にも中国（呉）との交流を伝える記事があることと考え合わせて、仁徳が中国と交流したという伝えが残っていたことはやはり無視できない。

このように前後から年代を詰めてゆけば、倭王讃はやはり仁徳とみるべきであり、田中卓氏がすでに指摘しているように（「古代天皇の系譜と年代」）、讃と珍との間にもう一人履中に相当する倭国王がいたと思われる。『宋書』に珍を讃の弟とするのは、先王の弟に当たるという情報から宋朝が誤認した結果とみるのが穏当だと思う。

したがって、仁徳の没年は『宋書』が記す讃の最後の遣使があった元嘉二年つまり四二五年以降のいつかということになるが、ここで注目すべきが、本紀が「倭国王、使を遣わし方物を献ず」という元嘉七年（四三〇）正月の倭国使である。私はこれを讃による最後の遣使とみなし、その年までは讃つまり仁徳は在位していたと考える。

いっぽう田中卓氏は、この遣使を履中によるものと推測しているが、そうすると『宋書』が珍の先代を讃だと誤認する可能性は低くなるし、第三章でも述べるが、仁徳五十三年に行われたという新羅への出兵は、『三国史記』が四三一年のこととする倭人の来寇に相当すると思われるので、やはり四三〇年は仁徳の時代に含まれるのであって、この年の遣使は讃によるものとみるべきだろう。このようにみてくると、仁徳は少なくとも四三一、二年頃まで在位していたと思われる。その没年は正確には求められない。そのあと履中が継ぎ、次いで反正が即位して四三八年に宋に使いを派遣するので、仮に反正の即位を四三七年とし履中の在位を四、五年とすれば、その没年は四三二、三年となるだろう。

なお、履中は宋に使いを派遣することなく没してしまったらしい。履中が若年で死去したらしいことは、彼のあとにその子の市辺押磐皇子《いちのへのおしはのみこ》が即位していないことからもうかがえる。市辺押磐皇子が即位にふさわしい年齢に達するより早く、父の履中は亡くなってしまったのである。

さらに、珍つまり反正を経て、允恭天皇に相当する済が宋に使者を派遣したのが四四三年だから、仁徳の死後、履中・反正の二代の治世は都合約十年の短さである。仁徳のあと履中・反正・允恭と三代にわたり兄弟継承がなされたのはそこに理由があると思われる。

仁徳の在位年数

では仁徳の在位年数はどれほどであったのか。彼は父の応神の死去を受けて、応神が亡くなったと思われる四一五年頃に即位したとみてよいのだろうか。実は、ことはそう単純ではなく、応神の死後、その後継者をめぐって争いがあり、仁徳の即位も簡単に四一五年頃とはいえないのである。その経過は後に詳しく検討するとして、年代の推定に限って述べると、『日本書紀』が、百済の直支王《ときおう》の死と久爾辛王《くにしんおう》の即位を応神の時代のこととして記している（二十五年条）のが注目される。

これらは四二〇年の出来事であって、先に推定した応神の没年を過ぎている。これはおそらく、久爾辛王の即位が仁徳の治世の前の出来事だということを示しているのだろう。つまり仁徳の即位は百済の久爾辛王の即位以降となるわけである。四二一年には仁徳と思われる倭王讃が中国に使者を派遣しているので、結局、彼の即位は四二〇年か四二一年とみて大過ないだろう。

このようにみると、仁徳天皇は四二〇年頃に即位して、四三三年頃に亡くなったことになる。さして長い治世でもなかったわけだが、この時代は先代の応神天皇の時代を受け継いで、日本の古代国家が充実するうえで重要な時代であった。以下、本書ではその点について記述してゆきたいが、その前に考えておかねばならないのが、仁徳の即位に至るまでの事情であろう。そして、そのことを述べるには、まず仁徳の兄弟つまり応神の子供たちを検討しなくてはならない。

2　応神天皇の皇子たち

『古事記』によれば、応神天皇には十人の后がいたという。それらを列挙すれば左のようになる。

応神天皇の妃たち

(1)ホムタマワカ王の三人の娘、タカギイリヒメ、ナカツヒメ、オトヒメ
(2)ワニのヒフレノオホミの娘、宮主ヤカハエヒメとヲナベノイラツメ
(3)クヒマタナガヒコの娘、オキナガマワカナカツヒメ
(4)桜井田部連の祖、シマタリネの娘、イトヰヒメ
(5)日向出身のイヅミノナガヒメ
(6)スメイロオオナカツヒコの娘、カクロヒメ
(7)葛城のノノイロヒメ

いっぽう『日本書紀』では、『古事記』の記す后妃のうち、(6)カクロヒメと(7)ノノイロヒメについては記載がなく、また(3)オキナガマワカナカツヒメではなく、カワマタナカツヒコの娘、オトヒメが、ワカヌケフタマタ王の母として記載されている。また(4)イトヰヒメの父親が桜井田部連男鉏となって

いる。なおワカヌケフタマタ王にまつわる系譜にはやや混乱があるが、本書では煩雑になるのでこれ以上はふれない。

応神天皇の皇子女

これらの后妃から生まれた応神天皇の皇子女は、『古事記』によれば以下のようである（カッコ内は皇女）。

(1)タカギイリヒメ　額田大中日子、大山守、去来（伊奢真若）〈大原郎女、高目郎女〉
ナカツヒメ　大雀（オオサザキ）、根鳥〈木の荒田郎女〉
オトヒメ　〈阿部郎女、淡路の御原郎女、木の菟野郎女、三野郎女〉
(2)宮主ヤカハエヒメ　ウジノワキイラツコ〈八田若郎女、女鳥王〉
ヲナベノイラツメ　〈ウジノワカイラツメ〉
(3)オキナガマワカナカツヒメ　若沼毛二俣王
(4)イトヰヒメ　速総別（ハヤブサワケ）
(5)イズミナガヒメ　大羽江王、小羽江王〈檣日若郎女〉

これらの子女は『日本書紀』でも大筋同じだが、(1)の高目郎女が澇来田皇女《こむくたのひめみこ》となっており、またオトヒメの産んだ子供に紀之菟野皇女《きのうののひめみこ》が加わり、(5)のハタヒがみえないという異同がある。

さて、これらの后妃のうち、(2)ヒフレノオホミの娘、宮主ヤカハエヒメとヲナベノイラツメの姉妹は、応神が大王位に就いてから后としたもので、ヒフレノオホミは和邇氏に属する宇治の木幡《こわた》の豪族である（『古事記』応神の段）。その他の后妃と婚姻の先後関係ははっきりしないが、中心となるのは、(1)(3)(6)の王族出身の者だろう。

このうち、(1)ホムタマワカ王が景行《けいこう》天皇の皇子、イホキイリヒコの子で二世王なのに対し、(3)クヒマタナガヒコと(6)スメイロオオナカツヒコはともに三世王でしかも幾分近江地方の豪族の様相を呈していたらしいので（拙稿「地方王族の形成と大王領」）、この二人はヒフレノオホミと似たような立場だったのだろう。

これに対してホムタマワカ王は、『古事記』によればイホキイリヒコが尾張連《おわりのむらじ》の祖、タケイダの娘、シリツキトベを娶って産んだ子とされ、その父イホキイリヒコは、ヤマトタケル、成務《せいむ》とともに、景行の数ある子女のなかで、とくに地方に分封されずに太子として特別な扱いを受けていたらしい。

この三人がともに太子といわれていることについて、同時に三人の太子が存在したと理解して、共同統治を想定することもできよう。だが、ヤマトタケルは当初王位継承者とみなされていたので、太子と呼ばれるにふさわしく、成務は結果的に王位に就いたのだから、これまた太子と呼びうるのである。とすればイホキイリヒコもまたある時期に太子、つまり景行天皇の後継者の扱いを受けていたということだろう。しかし、彼もまたヤマトタケルと同じく父よりも早く亡くなったため、太子のまま終わったのであろう。私は、景行の三人の太子を同時に存在したのではなく、このように継起的なものだったと理解する。

イホキイリヒコの立場をこのように理解すれば、その子であるホムタマワカも朝廷において重要な位置を占めていたとみて間違いではなかろう。とくに成務には子女がなかったらしいので、その後継候補としては、かつての「太子」の子という立場では、ヤマトタケルの子、仲哀天皇にひけをとらなかったのである。

このようにみれば、九州から凱旋し、仲哀天皇の二人の皇子、香坂王《かごさかおう》と忍熊王《おしくまおう》を打倒して政権を奪った神功皇后サイドとしては、当時の朝廷内で最も注意すべき人物は、このホムタマワカだったであろう。神功の政権はホムタマワカの協力なくしては、ありえなかったといってよい。

ホムタマワカの娘たち

ここで注目すべきが、応神の名前がホムタワケで、ホムタが共通していることである。ホムタはそれ以外の皇子女の名前同様地名とみてよいだろうから、応神もホムタに居住していたのだろうが、これはおそらく、父親のいない幼少期の応神がホムタマワカの庇護下にあったことを示していると思う。

かつて井上光貞は、応神の系譜を疑問視し、彼がホムタマワカの婿に相当する立場にあると述べた(『日本国家の起源』)。応神に新王朝の樹立者の面影を見る井上説には同調できないが、幼少期の応神が、ホムタという地にあってホムタマワカに養育され、成長してその娘たちを后としたことは十分考えられるだろう。そして彼女たちは、生まれながらに大王位を約束されていた応神の后にふさわしい女性として、選ばれた人物だったはずである。

このようにみれば、応神の后たちのなかで、ホムタマワカの娘たちの地位は突出したものであって、とうぜん応神の後継者としては彼女らの産んだ皇子たちが最有力だったはずである。

ちなみに、ホムタがどこだったのかは判然としないが、応神天皇陵に治定されている誉田御廟山古墳のある河内の古市は、その候補の一つとなろう。同地にあって誉田御廟山古墳より古いとされている仲津山《なかつやま》古墳は、応神の后で仁徳の母である仲津姫の陵墓となっているが、あるいはホムタマワカの墓である可能性もあるのではないか。

それはともかく、応神の后となったホムタマワカの三人の娘のうち、オトヒメには男子がなかったが、長女のタカギノイリヒメには額田大中彦《ぬかたのおおなかつひこ》、大山守とイザノマワカ、ナカツヒメにはオオサザキとネトリという男子が生まれた。これらの皇子たちの長幼関係はどうだったのであろうか。

まず、タカギノイリヒメの産んだ皇子たちについては、記紀ともに額田大中彦・大山守・イザノマワカの順序で記載している。しかし額田大中彦は「ナカ」ツヒコなので長子ではなく、兄が存在していなくてはならない。仁徳が応神の長子で額田大中彦の兄に当たる可能性は、『日本書紀』が仁徳を第四子と明記しており、『古事記』も大山守を大雀（仁徳）に対して兄と呼んでいることからありえない。『日本書紀』応神四十年正月戊申条で、応神が後継者問題にからんでオオサザキと大山守に話をもちかけているのも、大山守の立場が額田大中彦より重いものだったことを示していよう。

したがって、タカギノイリヒメの産んだ皇子たちの年齢は、大山守・額田大中彦・イザノマワカの順だったはずである。その他の后が産んだ皇子との年齢順がはっきりしないが、仁徳は第四子だというのだから、少なくとも大山守よりは年下だったのである。

このようにオオサザキのちの仁徳の立場は、ホムタマワカの娘たちが産んだ皇子たちのなかで突出したものではなかったようなのである。ただし、仁徳の母のナカツヒメが応神の皇后だったことから、タカギノイリヒメの産んだ皇子たちよりも有力だったとする見方もあるかもしれないが、これは彼女の産んだ仁徳が即位したことに伴う記述である可能性があり、あまり信用できない。

仁徳の立場

それよりも注目されるのが、「ホムタの日の御子、オオサザキ」という歌謡のフレーズから、彼が「ホムタの日の御子」と呼ばれていたらしいことである。

ここから応神と仁徳を同一人とみる説もあるが、これはホムタにいる「日の御子」という意味であろう。そのようにみれば、彼の外祖父、ホムタマワカとの関係が浮上する。私は、幼少期のオオサザキは母の実家であるホムタで養育されたことがあるのではないかと思う。ただし、これによってオオサザキが優遇されていたと判断できるわけではない。王宮やその近くで育てられなかったとして、軽んじられていたという論拠にもできるからである。

オオサザキは皇子時代から難波に居を構えていた。ホムタが古市あたりとすれば、河内地方のなかで居住地を移動したこととなる。応神の王宮は軽島《かるしま》明宮である。河内にも軽の地名はあるが、あとで触れるように応神の時代に渡来人を奈良盆地内に配置していることからも、王宮は大和にあったとみてよい。

つまりオオサザキは王宮からやはり離れたところにいた。額田大中彦もその名からみて額田《ぬかた》に居住していたらしいが、額田も河内の地名で、当時は河内湖を挟んで難波とは対岸の位置関係にあった。私はこの点から見て、オオサザキと額田大中彦はほぼ同じような立場にあったのではないかと考えている。それに対して、最有力の皇子は、やはり長子の大山守であったろう。皇位継承争いを検討する際に述べるが、大山守は大和にいた可能性が高いと私は考えている。

なお、仁徳が葛城襲津彦《かつらぎのそつひこ》の娘、磐之媛《いわのひめ》を后としていることから、葛城氏との結びつきを想定し、仁徳が葛城氏の支援を受けていて、それが王位につく背景にあったとみることもできるかもしれない。オオサザキと磐之媛の結婚は彼の皇子時代のことで、彼の誕生が三九〇年前後とすれば、四〇五年頃とみるのが、当たらずといえども遠からずといったところだろう。

あとで述べるように、応神の政権は朝鮮半島に出兵して高句麗と対立するという困難な外交課題に直面していた。このとき、半島への軍事行動を担ったのが武内宿禰《たけうちのすくね》の息子たちで、その末子と思われる葛城襲津彦も五世紀初頭には加羅へ派遣されている。オオサザキと磐之媛の結婚はちょうどその時期のことと思われ、まさに政権の重臣の娘との結婚だったわけである。しかし、応神の他の皇子たちの婚姻関係が分からないので、これもオオサザキにのみ有利に作用したとはいえない。

ちなみに、オオサザキの誕生に関連して、彼が武内宿禰の息子の一人、平群木菟《へぐりのつく》と同年月日に生まれたという『日本書紀』の説話がある。しかし、平群木菟をはじめとして武内宿禰の子供たちは、すでに応神朝には対外関係で活躍しているので、仁徳とは年代が合わない。仁徳誕生にまつわるこの伝説は事実とは思われず、おそらくは武内宿禰との密接な関係を示唆するためもあって、後世になって語られたものであろう。私は前著『邪馬台国の滅亡』で、この説話が成立する可能性を述べたが、ここで訂正しておくこととしたい。

さて、以上から、オオサザキのちの仁徳天皇は、ホムタマワカの娘ナカツヒメを母としてはいるものの最有力の皇子とは言いがたく、出自、年齢からみて大山守が応神の後継者としては最も有力であったと思われる。ではなぜオオサザキは大王位を獲得できたのだろうか。

3　応神没後の内紛

記紀が伝える王位継承の経緯

前節で検討したように、応神の後継者としては、大山守が最有力であったが、結局、王位は紛争のすえオオサザキが得ることとなった。記紀が伝えるその経緯は、仁徳即位を正当化しようとする意図がほの見え、真相をつかむのは難しいが、憶測をまじえてそれに挑んでみたい。

応神死後に大王位をめぐる紛争が起こった発端は、応神が生前、ウジノワキイラツコを寵愛したことにあるらしい。ウジノワキイラツコは、母が宇治地方の豪族の娘で、そのまま生家で養育され、ウジノワキイラツコつまり宇治の若殿様と呼ばれていた人物である。血統上からいえば、大王位を継承するにはほど遠い存在であったに違いない。

しかし、彼は『日本書紀』によれば渡来人を師として学問に励み、高句麗の表を読んで怒ってその使者を責めたという応神二十八年九月丁巳条を信用すれば、漢文にも通じており、その学才によって、政権内でも重要な地位に立つようになったのだろう。

記紀によれば、応神天皇はそのようなウジノワキイラツコを自らの後継者にしようと考えたという。『日本書紀』応神四十年正月戊申条には、応神がオオサザキと大山守を呼んでワキイラツコを後継者にすることを示唆し、このときオオサザキは父帝の意志を知り、それをふまえた回答をしたという。そして『日本書紀』はそれに続けて、同月甲子条で、ワキイラツコを「嗣」とし、大山守には山川林野を掌らせ、オオサザキを「太子の輔」として「国事を知らしめ」たという。

しかし、大山守はそれに反発し、応神天皇の死後、ワキイラツコを殺害しようとして挙兵するにいたる。そのあたりを『日本書紀』は次のように伝えている。

(1)応神天皇の没後、ワキイラツコとオオサザキが王位を譲り合う。
(2)額田大中彦が倭の屯田《みた》を掌ろうとしたがかなわなかった。
(3)大山守がワキイラツコを殺害しようとして兵を整えたが、オオサザキがそのことを知ってワキイラツコに知らせ、そこで両者の戦いとなって大山守が滅ぼされた。
(4)さらにワキイラツコとオオサザキが王位を譲り合ったが、ついにワキイラツコが自殺してしまう。オオサザキが難波から宇治にやってくると、ワキイラツコは蘇生して「亡き応神天皇のもとに行って、兄が聖なので王位を譲ったと言おう」と語り、さらに妹の八田皇女《やたのひめみこ》と結婚してくれと頼んで死んでしまった。

このうち『古事記』では、⑴と⑵の部分がなく、オオサザキが天下をワキイラツコに譲り、そこで大山守がワキイラツコを殺害しようとするが失敗して殺されるという話と、その後のオオサザキとワキイラツコの譲り合いを述べ、ワキイラツコが「早く崩りまし」たので、オオサザキが天下を治めることとなったと記す。『日本書紀』にみえるワキイラツコの自殺と蘇生、そしてオオサザキへの遺言の場面は『古事記』にはない。

伝承への疑問⑴——ワキイラツコの位置

『記紀』が伝える仁徳即位に至る経緯は以上のようだが、この伝承ははたして史実を伝えるものだろうか。いくつかの疑問がある。

第一に、おそらく応神の諸皇子のなかでは年少者であり、ホムタマワカの娘を母に持たないワキイラツコが大王となる可能性があったのだろうか。朝鮮半島をめぐる緊迫した情勢を受けて、応神天皇が血筋ではなく、人物の資質を重視するようになったと言えるのかもしれないが、大王位につくことに王族や諸豪族の同意を得ることができたかどうかは、やはり疑問とせねばなるまい。

このことと絡んで問題となるのが、『日本書紀』が記す倭の屯田にまつわる伝えである。『日本書紀』は大山守とワキイラツコとの争いを記述するなかで、額田大中彦が倭の屯田の領有を図ったという記載を挟んでいる。

それによると、額田大中彦は倭の屯田と屯倉《みやけ》を掌握しようとして、屯田司のオウノスクネに「この屯田は本より山守の地なり。是を以て今、吾まさに治めんとす。爾《なんじ》は掌《つかさど》るべからず」と述べたので、オウノスクネが太子つまりワキイラツコに知らせたら、太子はオオサザキに申せといったので、オウノスクネはオオサザキに額田大中彦が屯田を治めさせようとしないことを述べた。

オオサザキは倭直の祖の麻呂に倭の屯田が山守の地というのはどういうことかと問うと、麻呂は弟の吾子籠《あごこ》が知っていると答えた。この時吾子籠は韓国に派遣されていたので、オオサザキはオウノスクネを遣わして吾子籠を連れて帰らせて倭の屯田について尋ねたところ、吾子籠は倭の屯田は垂仁《すいにん》天皇の時代に太子の大足彦《おおたらしひこ》のちの景行に命じて設定したもので、つねに「御宇帝皇」の屯田、つまり天皇の直轄領であって帝皇の子でも天下を治めていなければ掌ることはできないもので、山守の土地ではないと答えた。

この記載は唐突な感が否めない。そこから、倭の屯田の領有を図ったのは額田大中彦ではなく、実は大山守であって、それが大山守とオオサザキの確執の原因となったとみる解釈もあるが、そこまで史料を改変してよいかは疑問である。考えてみれば、この伝えは『古事記』にみえないことから分かるように、大山守とワキイラツコの争いとは本来別の伝承なのである。したがって、この出来事が『日本書紀』が記すように大山守滅亡の前に起こったとは言い切れないのである。つまり、大山守滅亡後の出来事である可能性もあるということだ。そして私はその方が正しいと思う。

この記載で注目すべきなのが、額田大中彦が倭の屯田は本来山守の地であると述べて、そこから自らの領有を主張していることである。倭の屯田が山守の地だというのは難解だが、おそらくそれは大山守の土地だということだろう。そして倭の屯田が天皇の直轄地だという理解と照合すれば、実は大山守こそ倭の屯田を管理する正統な王位継承者だったこととなろう。

額田大中彦は兄の大山守の死を受けて、兄が管理していた倭の屯田の帰属を問題とし、自らその管理を担当することを提案して同時に応神の後継者としての立場を主張したのだろう。そして、この解釈が正しければ、やはり応神天皇の後継者は大山守だったのであって、ワキイラッコは応神に重用、期待されてはいたであろうが、後継者に指名されるに至ってはいなかったのではないか。

しかし、このように考えれば、大山守はワキイラッコを攻撃する必要などなかったことになりはしないか。次にその疑問に答えねばならない。

伝承への疑問(2)——ワキイラッコと大山守の戦い

ワキイラッコと大山守との戦いについては、記紀ともに大山守の皇位への野心から引き起こされた戦いということになっている。しかし、その動機が疑わしいことは、これまでの考察で明らかとなった。では真相はどうなのか。

『日本書紀』によれば、大山守が自分を狙っているという事情をオオサザキから知らされたワキイラッコが兵を備えて待つところへ、大山守が「独、数百の兵士を領ゐて、夜半に、発ちて行く。会明に、菟道《うじ》に詣りて、将に河を度らんとす」という。このとき、ワキイラッコは渡し守の扮装をして、大山守の船を川中で覆し、大山守は水死するというのである。このあたりは『古事記』ではさらに脚色されて劇的に描かれている。

宇治川（京都府宇治市，宇治橋付近）

宇治墓（ウジノワキイラツコ墓，丸山古墳）
（宇治市菟道丸山）

かれ、（ワキイラツコは）聞き驚かして、兵を河の辺に伏せ、またその山の上に絁垣を張り、帷幕を立てて、詐りて舎人《とねり》を王になして、露はに呉床に坐せ、百官恭敬ひ往き来する状、既に王子の坐す如くして、さらにその兄王の河を渡らむときのために、船・舵を具へ餝り、さな葛の根を巻き、その汁を滑に取りて、その船の中の簀椅に塗り、踏まば仆るべく設けて、その王子は布の衣褌を服して、既に賤しき人の形になりて、檝をとりて船に立ちたまひき。

〔現代語訳〕
　ワキイラツコは大山守が自分を狙っていると聞いて驚き、伏兵を川辺に隠し、山の上に絁垣を張り、幕を立てて、舎人を王の姿にして見えるように座らせ、百官が敬って行き来する状況など、あたかも王子が座っているようにしておいて、自分は大山守が川を渡るときのために船を仕立てて、葛の汁を船の簀椅に塗って、踏んだら倒れるように仕掛けて、自らは賤しい人の格好をして、梶を取って船に立った。

ここにその兄王、兵士を隠し伏せ、衣の中に鎧を服て、河の辺に到りて船に乗らんとする時に、その厳餝れる処を望けて、弟王その呉床に坐すと以為ひ、かつて檝を執りて船に立ちたまへるを知らずて、即ちその執檝者に問ひて曰はく、「この山に忿怒れる大猪ありは伝に聴けり。吾その猪を取らむと欲ふ。もしその猪を獲むや」とききたまひき。

〔現代語訳〕
　さて、兄の王は兵士を隠し伏せて、自らは衣の下に鎧をまとって、川辺に来て船に乗ろうとした時、立派に飾ってあるところを望んで、弟が座っていると思い、実は弟が梶を執って船に立っているとは思わず、船頭に「この山に怒れる大猪がいると聞いて、自分はそれを取ろうと思っているが、猪を捕獲できるだろうか」と尋ねた。

ここに執《しき》職《しき》者答へて、「能はじ」と曰ひき。また問ひて、「何の由にか」と曰へば、答へて「時々、往々に取らむとすれども得ざりき。ここをもちて能はじと白すなり」と曰ひき。河中に渡り到りし時、その船を傾けしめて、水のなかに堕し入れき。ここにすなはち浮き出てて、水のまにまに流れ下りき。

〔現代語訳〕

そこで船頭は「無理でしょう」と答えた。大山守はまた質問して「どうしてか」と言った。船頭は答えて「何度も捕獲しようとしたけれどできませんでしたからね。だから無理だと言うんですわ」と答えて、川の真ん中に来た時に、船を傾けて大山守を水の中に落してしまったが、すぐに浮き上がってきて、流れのままに流されていった。

そして、記紀ともに、ほぼ同じ内容の歌謡を記載する。以下、歌謡の現代語訳は大久保正『古事記歌謡』『日本書紀歌謡』による。

ちはやぶる　宇治の渡に　かじ執りに　速けむ人し　わがもこに来む

（宇治の渡し場で、棹を操るのに機敏な人よ。私の仲間に来てくれ）

ちはやひと　宇治の渡に　渡り瀬に　立てる　梓弓檀弓　い伐らむと　心は思へど　い取らむと

心は思へど　本方は　君を思ひ出　末方は　妹を思ひ出　いらなけく　そこに思ひ出　かなしけく
ここに思ひ出　い伐らずそ来る　梓弓檀弓

（宇治の渡しに、その渡し場に立っているマユミの木。切ってしまおうと心には思うが、取ってしまおうと心には思うが、一方では君を思い出し、他方では妹を思い出し、痛ましくそこで思い、悲しくここで思って、切り取らないでいるマユミの木よ）

しかし、この戦いが行われた場所は、『日本書紀』が明記し、歌謡から推定される宇治川ではなく、山背《やましろ》南部の木津川のほとりだったらしい。というのは、『古事記』は先の記事に続けて、大山守の死体が発見された経緯をこのように記しているからである。

ここに河の辺に隠れたる兵、彼廂此廂もろともに興りて、矢刺して流しき。かれ、訶和羅《かわら》の前に到りて沈み入りき。かれ、鈎を以ちてその沈みし処を探れば、その衣の中の甲に繫りて、かわらと鳴りき。かれ、其地を号けて、訶和羅の前と謂ふ。

それによれば、川辺に隠れていた伏兵が現れ、大山守は矢に刺されて流されて、訶和羅の前で沈んでしまった。そこで、沈んだ場所を鈎を使って探ったら、衣の下に着込んでいた甲にかかってカワラと鳴った。そこでその場所をカワラの前と呼ぶというのだが、ここで大山守の死体が見つかったという訶和羅とは、山背南部、現在の京都府京田辺市の地名である。ここは木津川の流域であって、宇治川に沈んだ死体が流れ着くことはありえない。さらに『古事記』には「大山守命の骨は、那良山に葬りき」とあって、大和（奈良県）と山背（京都府）の境にある丘陵地帯の平城山《ならやま》に、その墓があるという。

このようにみれば、ワキイラツコと大山守の戦いは、宇治ではなく、山背南部の木津川を挟んで行われたのであろう。つまり、ワキイラツコは大山守に対して終始受身だったのではなく、宇治から木津川のラインまで進出していたのである。

そして、大山守が対岸の山にワキイラツコが陣を構えているのを確認して渡河しようとしたという物語が多少の史実を踏まえているとすれば、ワキイラツコの方がいちはやく、木津川の渡河地点に達していた可能性もある。

このようにみれば、この戦いは、ワキイラツコがまず挙兵して山背南部に進出し、木津川畔で大山守の軍を破ったのが真相ではなかろうか。ちなみに、ワキイラツコの行動は大和を目指しており、大和から打って出た大山守側と木津川畔で戦ったとみるのが自然な理解だろう。倭の屯田が大山守の管理下にあったと先の推測とあわせ考えて、このとき大山守は大和で政権の中枢にいたことが明らかとなる。

このように、ワキイラツコと大山守の争いは、記紀の伝えにもかかわらず、実は応神の死後、その後継者の大山守に対してウジノワキイラツコが起こした反乱とも呼べるものであった。その背後にあって、ワキイラツコに反乱をそそのかしたのが、オオサザキだったのであろう。過剰な推定は慎むべきだが、オオサザキはワキイラツコに大山守が殺意を抱いているという情報を流して大山守を滅ぼさせ、さらに額田大中彦の野心も封じて、ワキイラツコの即位を支援するような態度をとったのであろう。

王位譲り合いの説話

しかし、その後の経過は、単純にワキイラツコが大王位に就くというものではなかった。記紀は大山守が滅ぼされたあとも、オオサザキとワキイラツコは王位を譲り合い、その混乱はワキイラツコの死によって解消して、オオサザキが即位することになるという。『古事記』はそれを次のように記す。

ここに大雀命と宇遅能和紀郎子と二柱、各天下を譲りたまひし間に、海人大贄《あまおおにえ》を貢りき。ここに兄は辞びて弟に貢らしめ、弟は辞びて兄に貢らしめて、相譲りたまひし間に、すでにあまたの日を経たり。かく相譲りたまふこと一二時にあらざりければ、海人すでに往還に疲れて泣きけり。かれ諺に「海人や、己が物によりて泣く」と曰ふ。然るに宇遅能和紀郎子は早く崩りましき。かれ、大雀命天下治らしめしき。

オオサザキとワキイラツコが大贄つまり天皇への食材を互いに譲り合ったので、それを持っていく海人が行き来するのに疲れてしまって、泣き出したというお話である。

さらに『日本書紀』がワキイラツコの自殺と復活という劇的な構成になっているのは、すでに述べた。このような記紀の記事から真相を探り出すのは容易ではない。あるいは、譲り合いとは正反対にワキイラツコとオオサザキが大王位をめぐって争い、ワキイラツコが滅ぼされたとみることも可能かもしれないが、史料的裏付けは皆無である。つまり、仁徳即位に至る経緯に関しては、その真相がうかがえないほどに、その即位が正当なものだとする伝えが定着しているのである。

なお、この皇位譲り合いの物語から派生したと思われるのが、難波津の歌である。

難波津に　咲くや此の花　冬籠り　今は春べと　咲くやこの花

この歌については、紀貫之が起草した『古今和歌集』（九〇五年）の仮名序《かなじょ》に、「難波津の歌は、みかどのおほんはじめなり」と記して、その注記に次のように記す。

おほさざきのみかどの、難波津にて、皇子ときこえける時、東宮をたがひにゆずりて位につきたはで、三年になりにければ、王仁《わに》といふ人のいぶかり思ひて、よみてたてまつりける歌なり。この花は梅の花をいふなるべし。

オホサザギつまり仁徳が難波津で皇子だった時に、東宮の地位をお互いに譲り合って位につかないまま、三年にもなったので、王仁がいぶかって詠んだ歌だというのである。もちろん額面どおりには受け取れないが、『万葉集』巻一六に載せる安積山の歌とともに歌の父母のようにいわれて、「手習ふ人のはじめにもしける」と仮名序はいう。そのことを裏付けるように、法隆寺五重塔の天井板の落書きをはじめ、平城宮などから出土する習字木簡に書かれているのが確認され、奈良時代以前から有名な歌であったらしい。

さて、それはともかくとして、記紀によって最低限明らかなことは、大山守の死後、宇治と難波の二所朝廷のような状況が生まれたことと、それがワキイラツコの死去によって解消したということである。そして、その背景には、ワキイラツコが政権を担当するのを認めない勢力が強かったことがあるのだろう。それらが、葛城氏を姻族にもつオオサザキを支持していたのかもしれないが、オオサザキの勢力とて十全のものではなかったのだろう。あるいは、ワキイラツコの母、ヤカヒメがワニのヒフレノオホミの娘だったことから彼を後援する勢力に和邇氏を想定し、二所朝廷の背後に葛城氏と和邇氏の対立を想定できるかもしれないが、これとても憶測の域を出ない。

いずれにせよ、仁徳の即位については、記紀が美談を伝えれば伝えるほどに、何かダーティーな印象は拭えないのである。

空白期の朝廷運営

応神死後の政局の混乱については、史料上ここまでしかいえないが、問題は、このような王位の空白期に朝廷はいかに運営されていたかである。それを考えるうえで注目すべき史料がある。

『日本書紀』神功五年の条に、新羅からの人質微叱許智《みしこち》（未斯欣）が脱出する物語が記載されている。ヤマト政権と朝鮮諸国との関係は後の章で改めて論じるが、いまさしあたり重要なのは、この出来事があった時期である。

この事件を『日本書紀』のいうように神功五年とすれば、それは四世紀の後半、三七〇年頃のこととなる。ところが、この出来事は、朝鮮側の『三国史記』には四一八年のこととなっている。実際、この物語に登場する葛城襲津彦は応神・仁徳の時代に活躍しており、神功の時代ではやや早すぎる。したがってこの出来事は、実際は四一八年、応神が亡くなって数年後に起こったとみられる。

ではなぜ、この出来事が神功五年のこととされたのだろうか。ここで私が注目するのが、この外交的処理が皇太后の指示で行われていることである。おそらく、新羅からの人質脱出にまつわる出来事は皇太后に相当する人物の治世で起こったと伝えられており、そこから『日本書紀』編者はこの物語を神功紀に編入したのではなかろうか。

もしこの解釈が当たっておれば、この出来事が実際に起こった四一八年頃、大和朝廷で執政の地位にあったのは、皇太后と呼ばれうる人物だったことになる。これより後世のことだが、清寧《せいねい》天皇の死後、大王位をめぐってオケ王とヲケ王の間で譲り合いが生じたとき、彼らの姉、飯豊皇女《いいとよのひめみこ》が執政の地位にあったことがある（拙稿「飯豊皇女と億計・弘計王」）。これと同様に、応神の死後も後継者決定の混乱のなかで、かわって、のちの皇太后に相当する人物が執政の地位に就いていたのであろう。それは誰か。『日本書紀』は応神の皇后をナカツヒメとするから、あるいは彼女だったかもしれないが、彼女を皇后としたのは、すでに述べたように、彼女を母とする仁徳の即位を正当化するための操作とも考えられるから、今となっては確かめようがない。

以上、仁徳が大王位に就くまでの内紛を分析し、あわせて応神の皇子としての彼の立場についても考察した。その結果、後の仁徳天皇、オオサザキ皇子は大山守のように最有力の皇子ではなかったことがうかがえた。そして、その学識から外交の舞台で力量を示したウジノワキイラツコのような存在でもなかったらしい。では、応神天皇の朝廷で、オオサザキはいかなる役割を果たしていたのであろうか。

オオサザキの役割

仁徳天皇といえばまず念頭に浮かぶのが難波であろう。彼は初めて難波に都を営んだ天皇であり、それは皇子の時代からのことであった。すでに述べたように、オオサザキははじめホムタで養育されていた。それがいつ難波に移ったかは判然としないが、桑津に安置された日向《ひゅうが》の髪長媛《かみながひめ》を見て「恋情」を抱いたというから（応神紀十三年九月条）、青年期にはすでに難波にいたらしい。また、応神が死去したときに、呉に派遣されていた使節が武庫に至ったが、そのとき連れていた衣縫の一行は、オオサザキによって収容されたという（本書三三頁参照）。これらの事例からみるに、オオサザキは難波にあって、大阪湾の港湾施設を管理する任務についていたのだろう。

ところで、九州から戻った神功皇后の一行が忍熊王と戦った時、皇后方に属した人物に、和爾臣《わにのおみ》の祖、難波根子武振熊《たけふるくま》がいる。皇后の軍は忍熊王が陣を張っている住吉に向かわず、難波に上陸したので、その時に皇后方に加わったのだろう（ちなみに、武振熊は仁徳六十五年条に飛驒国の宿儺《すくな》を討伐した人物として出てくるが、神功と忍熊との戦いからはかなりの年月が経っており、疑わしい）。このように、応神朝以前の四世紀段階では、難波地域つまり現在の上町台地、当時に難波崎一帯の地は、和爾氏の祖先が治めていたらしい。

それが、少なくとも応神朝の末期には皇子が拠点を置くような、言ってみれば朝廷の直轄地ともいえる地域となっていたのである。このような変化の背景には、応神朝になって頻繁となった朝鮮半島への干渉により、瀬戸内〜大阪湾航路の重要性が増したことがあるのだろう。ただし難波は、神武天皇や神功皇后そして天日矛の伝説が示すように、おそらく潮流の関係で上陸が容易ではなく、港としてはあまりふさわしくはなかったらしい。瀬戸内航路のターミナルとしては、むしろ住吉や武庫が重要であって、難波は港というよりは、大阪湾岸や河内湖畔の諸港を管理するセンターとしての性格が濃厚だったと思われる。応神政権でオオサザキに任されたのはそのような任務だったのである。

このように、オオサザキの難波居住は当時の対朝鮮関係が背景にあるらしいのだが、実は、神功・応神の時代が、それまでのヤマト政権の時代と最も大きく異なるのは、朝鮮諸国との交渉がなされるようになったことである。そして、朝鮮諸国との関係は、次の仁徳天皇の時代にも引き続き重要な外交課題となる。いや、もっと言えば以後のヤマト政権にとって最重要な課題となったといってもよい。そこで、次に章を改めて、この問題について考えてみることとしたい。

第二章　ヤマト政権と朝鮮諸国

1　ヤマト政権の半島出兵と倭・百済同盟の成立

裕仁親王の言葉

大正三年（一九一四）、時の皇太子、裕仁《ひろひと》親王（のちの昭和天皇）は東宮御学問所で「帝王学」を学ぶこととなった。その科目のなかには歴史も含まれ、国史、東洋史、西洋史すべてを東京帝国大学教授の白鳥庫吉《しらとりくらきち》が担当した。

あるとき皇太子は、仁徳天皇が推察した民生の困窮の原因は何かという白鳥の問いに、それは神功皇后の三韓（朝鮮の百済、新羅、高句麗）征伐であり、それが「国家疲弊の最大原因だった」と思うと答えて、白鳥を感激させたという（児島襄『天皇』I）。若くして戦争が民生に与える惨禍を指摘した裕仁親王が、やがて天皇になって軍部の暴走を抑えきれず、ついに戦争へと至らしめたことは、歴史の皮肉というにはあまりにも重い。

さて、それはともかく、この裕仁親王の発言は、仁徳天皇の説話の信憑性の問題とは離れて、期せずして、仁徳の政治が前代までの対外関係と深く関係していることを指摘している。そこでまず、仁徳天皇の時代での朝鮮半島との関係をみるまえに、その前の時代でのヤマト政権と朝鮮半島諸国との関係について一瞥しておくこととしよう。

通交の始まり

ヤマト政権と朝鮮諸国との通交が開始されたのは、三六五年頃から始まる仲哀天皇による北部九州遠征がきっかけであった（以下は拙著『邪馬台国の滅亡』を参照）。この時、玄界灘沿岸のかつての伊都国などがヤマト政権に帰順し、残るは筑後川流域の勢力だけとなったが、その決戦を前にして遠征軍は斯摩宿禰《しまのすくね》を朝鮮南部である加羅の一国である卓淳国に派遣し、斯摩宿禰はさらに百済と接触して、百済王から託された献上品をもって帰国した。三六六年のことである。

その後、仲哀天皇は急死し、遠征軍は后のオキナガタラシヒメが率いることとなった。神功皇后である。彼女は最後の抵抗勢力である山門《やまと》のタブラツヒメを討伐し、ここに北部九州の倭国は最終的に滅亡する。なお、ヤマト政権の九州制圧にともない、それまで中国や朝鮮諸国が自らの視野に入っている北部九州とその地の小国家連合に用いてきた倭や倭国の名称は、ヤマト政権によって統一された日本列島を指す名称となり、ヤマト政権も自ら倭国と称した。

それと前後して三六七年に百済と新羅が「朝貢」の使節を送ってきた。これが両国とヤマト政権との国交の始まりだが、その際、「朝貢品」をめぐってトラブルがあったという。『日本書紀』神功四十七年四月条によれば、それは次のようであった。

この時、百済王の使者とともに新羅の調使もやってきたのだが、新羅の貢物は「珍異」の物が多かったのに対して、百済の物は少なくて不良だったので、そのわけを百済使に問い質したところ、倭国に行く際に道に迷って新羅に至り、そこで新羅人に抑留されて、貢物を取り換えられたことが分かった。そこで、「皇太后・誉田別」は新羅使を責め、さらに千熊長彦《ちくまながひこ》を新羅に遣わして百済の献物を濫《みだ》したことを責めたのである。

三六九年の出兵

ところが『日本書紀』によれば、その翌々年の三六九年になって、ヤマト政権は朝鮮に出兵して新羅と交戦したという。私は、この出来事がいわゆる「神功皇后伝説」の原型となったと考えているが、では、この出兵の目的とはいったい何だったのだろうか。

まず考えられるのは、先年の百済と新羅の「朝貢」時のトラブルである。しかし、この問題はヤマト政権の問責によって、いちおう解決されており、ヤマト政権がこれを根に持って二年後に出兵したというのも不自然である。実は、この出兵の目的は、その経過と結果をみれば明らかなのである。

このとき、ヤマト政権は卓淳に兵を集めて新羅を討ち、比自㶱・南加羅・喙国・安羅・多羅・卓淳・加羅の七カ国を平定したという。これらの諸国はみな加羅もしくは伽耶《かや》と呼ばれた洛東江流域の国々である。つまり、倭国の軍は新羅そのものを攻撃したのではなく、加羅地方にいた新羅の兵と戦ったのである。三六六年にヤマト政権の使者が加羅一国、卓淳に行って無事帰国しているから、それ以降に新羅がこの地域に侵入して兵を駐留させるという事態になっていたのであろう。倭国はそれを

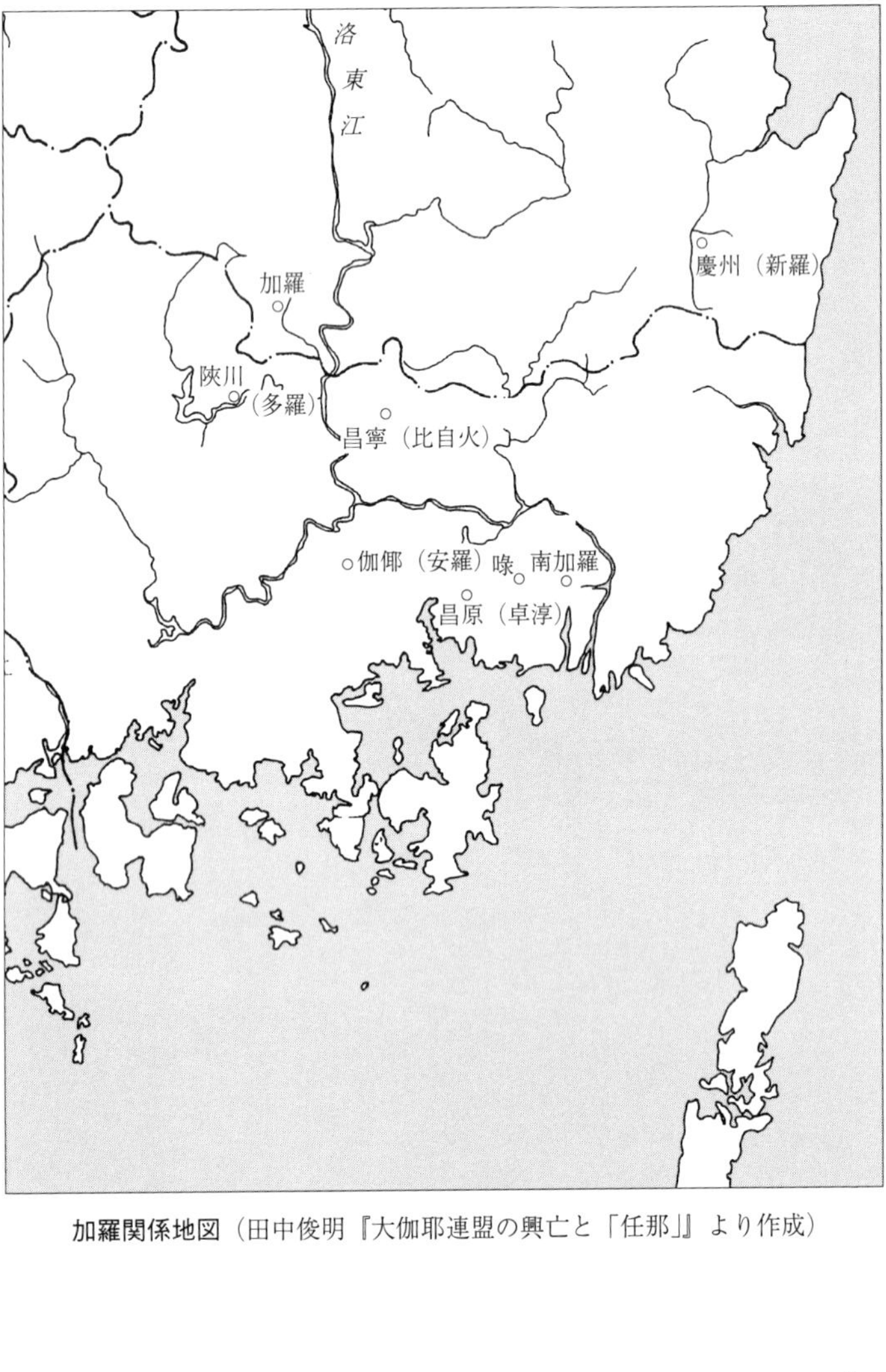

加羅関係地図（田中俊明『大伽耶連盟の興亡と「任那」』より作成）

駆逐したのであった。

さらに倭国軍は兵を西にめぐらして古奚津に至り、済州島ともいわれる枕弥多礼に攻め込んでその地を百済に与えた。そのとき百済の肖古王《しょうこおう》と王子の貴須《きす》が兵を率いてやって来て、比利・辟中・布弥文・半古の四邑が自然に降伏したという。これらの地域は百済軍南下のルート上の邑落だろうが、『日本古典文学大系』の注によれば、比利が全羅南道の全州か羅州、辟中が全羅北道金堤、布弥支が忠清南道新豊、半古が全羅南道潘南にあたるという。つまり、このとき百済は、忠清南道から全羅道にかけての地域と済州島を、ヤマト政権の援助で獲得したわけである。そして、このときの倭国と百済の軍事行動は、連絡をとった協同行動だったと思われる。

このような経過からみて、この出兵は加羅地域からの新羅勢力の駆逐と、半島西南部への百済の侵攻を援助することにあったのは明らかだろう。そうとすれば、倭国は加羅諸国と百済の要請によって出兵したと考えるのが最も合理的である。そして、その背景には、三六七年から三六九年までの間、おそらくは三六八年頃に新羅が加羅地域に侵攻し、卓淳国をはじめとする加羅の国々をその支配下においたという事実があったと推測されるのである。

ところが、この出兵がなかったとする見解がある。この出兵には木羅斤資《もくらこんし》という人物が関わっているが、その子に木刕満致《もくまんち》という人がいた。その人物について『三国史記』には百済の蓋鹵王《がいろおう》二十一年（四七五）のこととして、「文周、乃ち木刕満致・祖弥桀取とともに南に行けり」とあるので、父の木羅斤資が四世紀後半の人とすると年代が離れすぎているというのである。

さらに木茘満致については、『日本書紀』応神二十五年条に、四二〇年に相当する百済の直支王の死と久爾辛王の即位を記したなかで、直支王の死後、木満致すなわち木茘満致が国政を執り、王母と婬して無礼だったので、倭国に召したという記事があり、その注が引く『百済記《くだらき》』に、木満致は木羅斤資が新羅を討った時に新羅の女性との間に生まれた子だとみえる。木羅斤資の新羅征討は神功六十二年（三八二年に相当）条が引用する『百済記』にみえるので、木満致が三八二年を遠からぬ時期に生まれたとすれば、蓋鹵王二十一年（四七五）の記事は年齢からみて不自然といえばいえる。

しかし私は、この疑問はあたらないと思う。それは、このあとの叙述でおのずから明らかとなるだろう。

出兵の背景

さて、この出兵がヤマト政権の領土的野心によるものではなかったことは、この時倭国が半島に寸分の支配地も獲得していないことから明白である。では、倭国はこの出兵で何を得たのか。それは、倭国から救援や援助を引き出した百済・加羅、そして倭国に一敗地にまみれた新羅から、恒常的に文物を入手すること、つまり『日本書紀』のいうこれら諸国の「朝貢」にほかならない。とくに百済に関しては、それは一種の同盟締結に基づくものであった。

この時の盟約は神功四十九年三月条によれば、百済王と千熊長彦との間で辟支山と古沙山で行われ、このとき百済は「春秋の朝貢」を誓ったという。『日本書紀』では、百済の片務的な朝貢義務のように記しているが、おそらく倭国も百済の「朝貢」に釣り合う何らかの義務を負ったと思われる。そしてこれ以降の歴史の推移からみて、それは倭国による百済の安全保障であった可能性が強い。

『日本書紀』によれば、百済王からの最初の「朝貢」は神功五十一年、三七一年のことで、翌年には七枝刀《しちしとう》と七子鏡、種々の重宝が献上された。その時「谷那の鉄山」の鉄を取って永く「聖朝に奉る」と述べたという。つまり、百済は倭国への鉄資源の供給を約束したのであって、ヤマト政権は百済から一元的に鉄を入手することができるようになったのである。これが大王権力の軍事力、経済力をそれ以外の地方豪族とは比較にならないほど強大なものとしたであろうことは想像に難くない。私はこの事実ひとつをとっても、ヤマト政権が日本列島諸地域の豪族の連合政権だとする見解は成り立たないと思っている。

なお、この時百済からもたらされた宝物の一つが、三六九年に製作されたと刻まれている石上神宮《いそのかみじんぐう》所蔵の七支刀であることはいうまでもない。そしてこの同盟は、紆余曲折を経ながら、六六三年の白村江《はくそんこう》の戦いまで継続するのである。

七支刀（石上神宮蔵）

このように、四世紀後半には、ヤマト政権は朝鮮諸国から鉄をはじめとする進んだ文物を一元的に入手することが可能になったのである。このことは政権にとってたいへん重要なことであって、これ以降、ヤマト政権はこの朝鮮諸国からの文物の入手に異常なほどこだわることとなる。

2 高句麗の南下と半島の動乱

新羅への出兵

前節で述べたように、三世紀後半の極東には、朝鮮半島南部の百済・加羅そして新羅がこぞって倭国に文物を供給するという体制が成立していたが、まずそれに反発したのが新羅であった。三八二年に相当する『日本書紀』神功六十二年条によれば、新羅が「朝貢」しないので、襲津彦を遣わして討たせたという記事がある。ただしこのときの出兵は失敗したらしい。詳しい経過が『日本書紀』が引く『百済記』にみえる。

それによれば、この時派遣された沙至比跪（サチヒコ）は、新羅の美女に迷って逆に新羅に味方し、加羅国を討つに至った。その結果、加羅国王とその一族は百済に亡命したとあるので、この時加羅は新羅に征服されてしまったのだろう。加羅国王の妹は大和つまり倭国に来てこの状況を報告、そこでヤマト政権は木羅斤資を遣わして加羅に出兵し、領土を回復したという。

木羅斤資の活躍する年代を疑問とする論者は、前節でも述べたように、木満致がこのころに木羅斤資と新羅の女性との間に生まれたとすると、木満致が四七五年に生存しているのと矛盾するというのである。しかし、少し考えれば、『百済記』にみえる一連の出来事が三八二年の一年限りで済むようなものでないのは、すぐに分かろうというものだ。この点については、あとでヤマト政権と新羅の関係を論じる時に述べよう。

ただし、『百済記』にみえるサチヒコが、『日本書紀』編者の解釈のように葛城襲津彦に本当に該当するかは、なお考えてみる必要がある。葛城襲津彦はその後も応神・仁徳のもとで対朝鮮外交を中心に活躍しており、天皇の后となっていた妹を頼って帰国したものの、進退窮まって自殺したという『百済記』の「一云」が伝えるサチヒコの末路とは、あまりにかけはなれている。ちなみに、襲津彦が新羅に遠征したという記事は神功五年にもみえるが、これは神功皇后の時代のことではなく、応神没後の四一八年のこととみられるのは第一章で述べた。さらに、葛城襲津彦の娘、磐之媛は仁徳天皇の后だが、襲津彦の妹で天皇の后となった者はみあたらない。

このようにみれば、『日本書紀』編者の見解にもかかわらず、私は『百済記』のいうサチヒコは葛城襲津彦のことではないと考える。では、いったい彼は何者なのか。

『百済記』の記すサチヒコをめぐる一連の出来事は、すでに述べたように短期間で済むようなものではないが、かといって三十年以上も後の仁徳朝までくだるとも思えない。この出来事は神功および応神の時代のこととみるべきで、サチヒコとはその妹が応神の后だった人物ということとなろう。ここで私が注目するのが、妹の糸媛を応神の后としている桜井田部連男鉏《おさひ》である。『百済記』にみえる沙至比跪の沙至はサチと読ませているがサシとも読め、オサヒのサヒとも近い。「一云」の記事なのでどこまで信を置くか不安なところもあるが、いまはその可能性を指摘しておきたい。

ちなみに、この時の出兵は『日本書紀』には「即年」とあって三八二年の朝貢がなかったその年に行われたようである。しかし『百済記』は先にみた一連の出来事を年次を記さずに一括して述べており、出兵がこの年ではなかった可能性もあるように思われる。

百済の「失礼」

さてこのように、新羅は三八二年以降、ヤマト政権に不従順な態度をとっていたが（ヤマト政権のとった対抗処置については後述）、ついで百済でも、三八五年に辰斯王が即位して「天皇」に失礼な態度をとるようになったという。倭・百済同盟締結に関わった肖古王とその子、貴須王の時代が過ぎて、百済の外交方針にも変化が表われたのである。「失礼」の具体的内容が不明だが、おそらく、倭国に送る「調」の質・量に関わることとみてよかろう。

このように三八〇年代になって百済・新羅両国ともに倭国から離反する姿勢を示していたのだが、その背後には高句麗の動きがあった。高句麗の『広開土王碑文』は、あとで述べる三九一年からの倭国の朝鮮出兵に先立つ状況として、「百残（百済のこと）・新羅、旧是属民、由来朝貢」と記している。つまり、この時期、百済・新羅ともに倭国とは距離を置き、高句麗に服属していたのである。

三九一年の倭国出兵

このような状況に対して、ヤマト政権側は、三九二年に、武内宿禰の息子たち、紀角宿禰《きのつの》・羽田矢代宿禰《はたのやしろの》・石川宿禰《いしかわの》・木菟宿禰《つくの》を使者として遣わし、百済はその要求に屈して、辰斯王を殺して阿華王《あかおう》を立てたという（応神三年是歳条）。

ここで注目されるのが、阿華王即位の前の年である三九一年こそ、『広開土王碑文』に「この年以来、倭が渡海して百残《(済)》□□新羅を破って臣民とした」という年にあたることである。とすれば、日本側で伝えられた紀角宿禰らの派遣は碑文のいう倭国の出兵に相当し、百済への軍事的圧力を目的としたものだったとみるべきだろう。つまり、倭国は三九一年に百済に対して軍事行動を開始し、翌年百済の政変を引き起こしたのである。

ところで、百済で辰斯王が即位したのは三八五年だが、倭国の出兵は三九一年になってからだ。百済の対倭外交の方針転換が具体的にいつからか特定できないので、たしかなことはいえないが、倭国は百済への軍事的行動を当初は控えていたようにみえる。このことに何か意味はないのだろうか。私はこのことから、倭国側にも政権交代にともなう外交方針の転換があったことがうかがえるように思う。すでにみたように、『日本書紀』は神功皇后の死去を三八九年、応神の即位を三九〇年のこととしており、この年次は妥当なものと思われる。つまり倭国の百済への軍事行動は応神即位の直後のことなのである。おそらく、応神の即位にともなって、倭国の対外政策がより軍事色の強いものに転換したのではなかろうか。

広開土王（好太王）碑

(中国吉林省集安県)(時事通信フォト)

さらに、『広開土王碑文』に新羅の名前

がみえるように、三九一年からの倭国の出兵は、百済のみならず新羅をも対象としたものであったらしい。これについては『日本書紀』に直接該当する記事がないが、『三国史記』には、三九三年のこととして、倭兵が新羅の金城（現在の慶州）を囲んだが、独山に敗れたという記述がある。この出来事が、『日本書紀』神功六十二年条が引用する『百済記』の「一云」にある木羅斤資の加羅出兵にあたることはあるまい。金城の包囲は海上から新羅東海岸に派兵したとみるべきで、加羅に出兵したという木羅斤資の行動と合わないからである。とすればこの記事は、『日本書紀』神功六十二年条にみえる襲津彦、『百済記』のいうサチヒコつまり桜井田部連男鉏を遣わして新羅を討たせたという記事に相当するとみるべきだろう。倭国の敗北をいっているのも、サチヒコの裏切りと符合するのである。

神功皇后の現実外交

このようにみてくると、百済・新羅の対倭政策の変化にもかかわらず、倭国では神功の政権下では軍事的行動を差し控え、次の応神朝になって強硬な外交方針をとるようになったことがうかがえる。『日本書紀』神功五十一年三月条には、神功皇后が太子つまりのちの応神と武内宿禰に語ったという言葉を載せている。

朕が交親する百済国は、是天の致へる所なり。人に由りての故に非ず。玩好、珍しき物、先より未だ有らざる所なり。歳時を闕かず、常に来て貢献る。朕、此の款を省るに、毎に用て喜ぶ。朕が存けらむ時の如くに、敦く恩恵を加へよ。

――〔現代語訳〕

私が親しく交際している百済の国は天が与えてくれたもので、人によるものではない。玩好、珍しい物は今までなかったようなものだ。それを毎年欠かさずいつも献上してくれる。私は、これらを用いて喜んでいる。私がいたときのように、百済にはあつく恩恵を与えるように。

この言葉は、『日本書紀』の年代では百済から最初の朝貢があった三七一年のこととなるが、内容からいえば、「歳時を闕かず、常に来て貢献る」とあるから実は朝貢が恒常的に行われるようになってからのもので、「朕が存けらむ時の如くに」とあるように、ほとんど政治的遺言といってよい。ここにうかがえるのは、百済との友好関係の維持とそれによる文物（玩好、珍物）の入手を最優先にせよという方針である。すでにみてきたように、神功皇后の晩年には百済は倭国と距離を置こうとしていた。そして、応神即位後の行動からみて、すでに政権内部には対百済強硬路線を主張する者も出てきていただろう。もしこの神功皇后の言葉が私の想像するようにその晩年のものならば、彼女はあくまで百済との平和を希求していたことになる。

『日本書紀』の記事からこのような深読みをしたら笑われるかもしれないが、それにもかかわらず、私には、これまでの考察をふまえて、いわゆる三韓征伐伝説のために武断的な印象がつきまとう神功皇后が、実は対外的冒険主義とは無縁の現実的な政治家だったように思われるのである。

だが、新しい大王をいただいて、倭国は新しい対朝鮮政策を採用する。それが先にみた百済と新羅への軍事行動である。この方針転換はやがて恐ろしいしっぺ返しを受けることとなる。その第一は、新羅に派遣したサチヒコおそらくは桜井田部連男鉏の裏切りだったが、さらにヤマト政権は半島北方の王者と対さねばならなくなるのである。その王者こそ、応神即位の翌年、三九一年に王位に就いた高句麗の広開土王（好太王）であった。

3 応神天皇と広開土王

高句麗との対立

三九一年から倭国は百済・新羅に対して軍事的圧力をかけ、新羅に対しては成功しなかったものの、百済では三九二年に政変が起こり、反倭国路線の辰斯王が殺害されて阿華王（阿花王）が即位した。倭国の軍事的圧力を受けて成立したこの政権は、とうぜん親倭国政策をとったと思われるが、これに反発したのが高句麗である。

『広開土王碑文』によれば、三九六年、高句麗の広開土王は百済懲罰の出兵を行い、百済は多くの城を落とされて敗れ、文字通り城下の盟いを余儀なくされるに至ったという。『広開土王碑文』には百済は高句麗の「奴客」になったとまでいっている。その後、百済の阿華王は当然のことながら親高句麗、反倭国に政策を転換したであろう。

倭国による百済出兵

これに対して、応神の政権はあくまで武力による対百済政策を強行した。『日本書紀』応神八年条の注は『百済記』を引用して、阿花王が立って貴国（倭国のこと）に無礼であったから、百済は枕弥多礼と峴南・支侵・谷那・東韓の地を奪われ、王子の直支を人質としたという。つまり、ヤマト政権は百済の領土を奪い、王子を人質に取る手段に訴えたのである。『日本書紀』の年代で三九八年のことである。

このときヤマト政権が百済から奪った土地について、『日本古典文学大系』などは、峴南と東韓は未詳、支侵はかつての馬韓《ばかん》の支侵国で忠清南道洪城付近、谷那は全羅南道谷城とする。この四地域については、並列に読む説の他に、東韓を百済に返還したことを記す応神十六年条の注に、東韓は甘羅城・高難城・爾林城のことだとあるので、この三つの地名をおのおの峴南・支侵・谷那に当て、東韓をその総称とみる説がある。この場合も、甘羅城・高難城・爾林城を先の峴南・支侵・谷那についての推定に従う説（『日本古典文学全集』）と、甘羅城を全羅北道感悦、高難城を全羅南道谷城、爾林城を忠清南道大興か全羅北道金堤郡利城に当てる説などがある。

つまりは東韓の範囲が大きくなるか小さくなるかということだが、いずれにしても末松保和がいうように、この時の占領地は半島の南岸から西岸の大半に及び、極めて広い範囲に及ぶものだったらしい（『任那興亡史』）。ちなみに末松によれば、東韓の地は錦江の南岸、万項江を中心とした一帯と考えてよかろうとのことである。なお、私は応神八年条の四つの地名はその後の任那《みまな》の推移からみて、やはり並列に読み、東韓以外の峴南、支侵、谷那はひきつづき倭国の占領下にあったとみるべきだと思う。

ではなぜ、ヤマト政権はこのような挙に出たのだろうか。それは枕弥多礼はもちろんのこと、その他の地域も三六九年の倭国の出兵によって百済が獲得した領土だったからに違いない。百済の領土拡

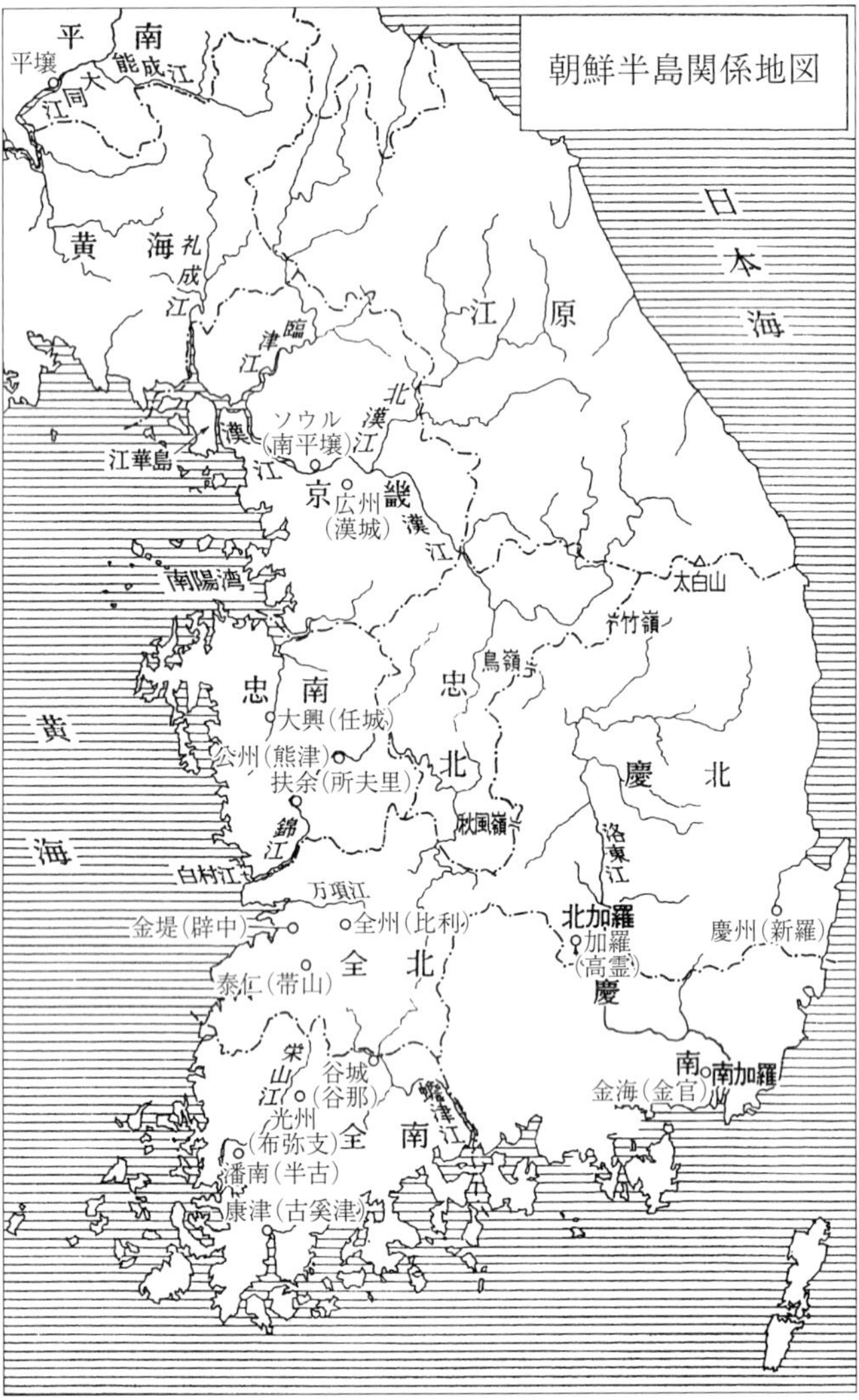

（山尾幸久『日本国家の形成』より作成）

大がヤマト政権の軍事的協力の賜物だという認識は、神功紀にみえる「海の西を平定けて、百済に賜ふ」という神功皇后の言葉や「天恩を垂れて、海の西を我に賜へり」という百済王の言葉に示されている。

したがって、百済がヤマト政権に離反するならば、かつてその助力で百済が得た地域は返還してもらおうというのが、応神を首班とするヤマト政権の論理だったのである。まさに国際社会における「同盟」のもつ恐ろしさを示す出来事にほかならない。私は、四世紀の倭国と百済の関係をみるにつけ、かつてハンガリーやチェコスロバキアで起こった出来事を思い起こさずにはいられない。

新羅から高句麗への報告

それはともかく、このような状況を今度は高句麗が放っておくはずがない。はたせるかな、『広開土王碑文』は、三九九年のこととして、百済が高句麗との誓いに反して倭と通交したので、王は再び懲罰の派兵を行ったという。ところが、この遠征の途上で、王は新羅から「倭人国境に満つ」という情報を得るのである。

この時の倭国の軍事行動はいかなるものであったのか。まずこの段階では「倭人国境に満つ」という状況なので、倭国の兵はまだ新羅領内へは侵入していない。つまり、今回の出兵は海路、東海岸に攻め寄せるというものではなく、陸路から新羅に攻撃をかけたとみねばならない。とすれば、そのルートは加羅方面としか考えられない。

このことと関連するのが、新羅が高句麗に倭は「奴客を以て民とな」していると訴えていることである。この「奴客」については、先に高句麗が百済懲罰の出兵の結果、百済を奴客としたとあるので、百済を指すという見方がある。しかし、倭国が百済に圧力をかけて親倭政策をとらせたことは、三九九年の広開土王出兵の理由なので、いまさら新羅王から教えてもらうようなものではない。これは、やはり新羅にとっての奴客と考えるべきだろう。

それは、高句麗にとっての奴客が百済であるように、新羅以外の民とみるべきだろう。ではこの時期、新羅はどこを奴客として征服していたのか。ここで思い合わされるのが、『日本書紀』神功六十二年条が引用している『百済記』の記載である。それには、以前に紹介したように、ヤマト政権が百済に派遣したサチヒコが新羅に寝返って加羅を討ち、加羅国王とその一族は百済に亡命したとある。つまり、この時期、加羅は新羅にとって「奴客」と言ってよい立場にあったのである。

倭国が新羅の「奴客を民となす」というのは、もちろん新羅側の表現であって、実際は新羅に服属していた加羅を倭国が新羅から奪ったことの表現だろう。そして倭国はさらに進んで加羅と新羅の国境に迫り、「倭人国境に満つ」という状況となったため、新羅は高句麗に救援を依頼するに至ったのである。そしてこのことは、新羅の加羅征服のあと、加羅国王の妹が大和（倭国）に来て状況を報告し、天皇が木羅斤資を遣わして加羅に出兵して領土を回復したという、『日本書紀』神功六十二年条が引用する『百済記』の記事に対応するものにほかならない。

つまり、『広開土王碑文』のいう三九九年の倭国の新羅国境への侵入は、この木羅斤資率いる倭国軍による加羅回復の軍事行動のことなのであって、倭軍は加羅を奪還するとともにさらに新羅国境まで攻め込んでいたのであった。

高句麗による新羅救援

新羅からこのような報告を受けた高句麗の広開土王は、百済への出兵を急遽とりやめ、翌四〇〇年になって、「歩騎五万」の兵を遣わして新羅救援を行う。碑文には「男居城より新羅城に至るに、倭、その中に満つ」とあるので、この時点で倭軍は新羅領内に侵入していたらしい。それを高句麗軍は「任那・加羅」まで駆逐したという。そのあとの碑文は剝落が甚だしくてよく分からないが、倭国が新羅から退いたのは確からしい。なお碑文には「安羅人の戍兵」という語句が何度か出てくる。安羅は加羅の一国なので、倭軍とともにこのとき新羅を攻めていたのであろう。

ちなみに、木羅斤資が木荔満致を儲けた新羅の女性とは、この出兵の時に彼の妻となったと考えられる。仮に木満致が四〇〇年の生まれだとすると、四七五年に生存していてもおかしくはない。先に回答を保留しておいたが、三六九年のヤマト政権の朝鮮出兵に木羅斤資が登場することを疑問視するには及ばないのである。

なお、ここで注目すべきが、『三国史記』に、四〇二年に新羅が未斯欣を倭国に人質とし、四一八年まで続いたということである。高句麗の援軍で国難は脱したものの、倭国の軍事行動に懲りての処置とみるべきだろう。

ただし、この人質の一件は、『三国遺事《さんごくいじ》』は三九〇年のこととする。しかし、すでにみたようにこの時期新羅は高句麗寄りの姿勢を示しており、三九三年には倭国は金城を包囲して新羅と交戦している。このような状況下で新羅が倭国に人質を送るのは考えがたい。

倭の高句麗への侵入

このようにヤマト政権の新羅攻撃は高句麗の参戦によって失敗したが、『広開土王碑文』によれば、四〇四年に倭は今度は「帯方界」、つまり高句麗領内に侵入した。碑文が削落していて経過ははっきりとはしないが、「平壌」の地名がみえるので、そこまでは進出したと思われる。ただし、この平壌は現在のピョンヤンではなく、南平壌と考えられている。碑文はそのあとに数字の剝落をへて「相遇」とあるので、そのあたりで倭と高句麗は遭遇して交戦したのだろう。その結末は『広開土王碑文』によれば「倭寇潰敗、斬殺無数」であったという。倭がこのような行動に出ることができるのは、百済が親倭的態度をとっていたからであろう。

さて、その後百済では四〇五年に阿花王が没し、ヤマト政権は人質として倭国に滞在していた王子の直支を百済に帰して即位させ、あわせて東韓の地を返還した。しかし倭国が百済から奪っていたのは、峴南・支侵・谷那・東韓の四地域なので、まだ峴南・支侵・谷那は倭国の支配下に残されたのである。したがって、以降の百済はこれらの地域の奪還を目指すこととなったであろう。その最終的な解決が、継体天皇の時代のいわゆる任那四県（上哆唎・下哆唎・娑陀・牟婁）の百済への割譲であって、ここに百済は失地をすべて回復したのである。

四〇七年の戦闘

なお『広開土王碑文』によれば、その後四〇七年にも高句麗は五万の歩騎をもって戦い、大量の武器等を獲得するとともに、「還りて」沙溝城・婁城を破ったという。この戦いは、相手、場所とも明らかでないが、池内宏の推測するように百済に対するものとすれば（『日本上代史の一研究』）、倭が背後にあった可能性もないことはない。というのはこの前々年、倭国が王子の直支を百済に帰す時に兵士百人を伴っており（『三国史記』）、直支王の王権が倭の軍事力を背景していたらしいからである。

任那とは何か

ここでいわゆる任那について考えておきたい。朝鮮半島に任那といわれる地域が存在したことは、『宋書』倭国伝や『広開土王碑文』にその名がみえることで疑いえない。そして、その地域が加羅と区別されていたことも、『宋書』倭国伝が伝える倭王済（允恭天皇）と武（雄略天皇）が宋から与えられた称号に任那が加羅と併記されていることから明らかである。『広開土王碑文』にみえる「任那加羅」もその例である。

ところが『日本書紀』では、任那は加羅諸国を含めた地域名として使用されていて、そこから混乱が起こるのである。この点に関しては、任那には洛東江流域地方、つまり加羅と「大和政権の直接支配下にあるその西方一帯」の二つの部分があったとする角林文雄氏の見解がほぼ的を射ていると思われる（『任那滅亡と古代日本』）。

私はさらにそれを受け継いで、二つの地域を含めた広義の任那を『日本書紀』は採用しており、中国や朝鮮の史料は加羅を含めない狭義の任那を用いているのだと考える。ちなみに加羅を任那に含めて考えるのは、ヤマト政権時代からの使用法であったらしい。それは、倭国が自称した倭王の称号に加羅がみえずに任那のみが現れ、それに宋朝が加羅を加えていることから言えるのである。

なお角林氏は「大和政権の直接支配下にあるその西方一帯」と述べて、朝鮮半島南西部をヤマト政権が支配していたと考えている。これは継体朝の四県割譲から導き出された見解だが、すでにみたように東韓をめぐる動きのなかでも整合的に理解できる見解である。したがって『日本書紀』にみえる「任那国司」も加羅への使者ではなく、狭義の任那に派遣された役人と解すべきものもあろう。そして、彼らのなかには現地で勝手な行動をとる、関東軍的分子も存在した。たとえば紀生磐は任那に拠って高句麗と結び「三韓に王たらん」として全羅北道泰仁に当る帯山に築城し、かえって百済に敗れたという（『日本書紀』顕宗三年）。ここでいう任那が加羅でないことは明らかであって、生磐は境界を越えて百済領内に侵攻して城を築いたのである。

狭義の任那でのヤマト政権の支配については、それを認めない考えも強いようだが、近年発見が相次いでいる当地の前方後円墳の問題ともからめて今後考察を深めていく必要があるだろう（もちろん朝鮮半島南西部をヤマト政権が支配していたといっても、純歴史学上の問題であって近現代の日韓・日朝関係とはまったく関係のないことである。まさかとは思うが、念のため言い添えておく）。

4 朝鮮半島からの渡来人

渡来人の登場

前節では応神天皇の時代になって、倭国は朝鮮半島での権益を守るためには軍事的活動をも辞さない態度をとるようになったことをみたが、それと並んで注目すべきが、いわゆる渡来人が応神天皇の時代になって現れることである。つまり、倭国は応神朝以降、朝鮮諸国から文物のみならず人材も獲得しようとしたのである。これは、応神朝から倭国がときには軍事力の行使も辞さないという強硬な外交方針を採用したことと無縁ではないと思う。

『古事記』には、このことを次のように記している。

この御世に、海部、山部、山守部、伊勢部を定めたまひき。また剣池を作りき。また新羅人参渡り来つ。ここをもちて建内宿禰《たけうちのすくね》命、引き率て、堤池に疫ちて、百済池を作りき。また、百済の国主照古王、牡馬壱疋、牝馬壱疋を阿知吉師に付けて貢上りき。〈この阿知吉師は阿直史等の祖〉また横刀また大鏡を貢上りき。また百済国に「もし賢き人あらば貢上れ」と科せたまひき。故、命を受けて貢上れる人、名は和邇吉師《わにきし》。すなわち論語十巻、千字文《せんじもん》一巻、幷せて十一巻を、この人に付けてすなはち貢進りき。〈この和爾吉師は文首等の祖〉また手人韓鍛、名は卓素、また呉服の西素を貢上りき。また秦造の祖、漢の直の祖、また酒を醸むことを知れる人、名は仁番、亦の名は須須許《すすこ》理《り》等、参渡り来つ。

〔現代語訳〕

応神天皇の時代に、海部・山部・山守部・伊勢部を定めた。また剣池を作った。また新羅人が渡って来たので建内宿禰に引率させて堤や池の造営に従事させ百済池を作った。また百済の照古王が雌雄の馬を阿知吉師につけて献上してきた。また横刀と大鏡を献上してきた。そこで百済に対して「もし賢人がいたら献上せよ」と言ったら、和邇吉師に論語と千字文をつけて献上してきた。また技術者の鍛冶工で卓素、縫工の西素、秦造の祖先、漢直の祖先、醸造者の仁番、別名を

―須須許理らもやって来たという。

ここで『古事記』が、阿知吉師の渡来を百済の照古王の時代としているのは誤りである。すでにみたように、照古王（肖古王）とその子の貴須王はヤマト政権では神功皇后の時代に相当し、年代が合わない。『古事記』は『日本書紀』と違って、神功皇后の時代を立てないで仲哀天皇の後すぐに応神天皇の事柄を記すので、このような混乱が生じたのであろう。

これと同じような混乱は『日本書紀』にもあって、応神十五年八月丁卯条には、王仁を百済から呼んでくるのに上毛野君《かみつけのきみ》の祖、荒田別《あらたわけ》と巫別《かむなきわけ》を百済に遣わしたとみえるが、荒田別は三六九年の朝鮮半島南部への出兵の際の将軍で、四十年近く年代差がある。不可能ではないだろうが、なんらかの伝承過程での混乱を想定した方が無難なような気はする。

様々な渡来人

さて、いわゆる渡来人にはいくつかの種類がある。私は渡来の形態から次の三種類に分けて考えるのがいいと思う。

第一に、個人が単独でやってきたものである。『古事記』の記載では、阿知吉師、和邇吉師つまり有名な王仁、韓鍛の卓素《たくそ》や呉服の西素、須須許理《すすこり》などがそれに該当する。彼らは倭国の要請によって百済から派遣された技術者や知識人であった。

彼らの渡来について『日本書紀』には、応神十四年に縫衣工女の真毛津《まけつ》、十五年に阿直岐《あちき》、十六年に王仁が来帰したという。応神十六年には四〇五年にあたる阿花王の死亡記事があるから、それをふまえれば真毛津は四〇三年、阿直岐は四〇四年、王仁は四〇五年に渡来したことになる。これらの年代からみれば、彼らが倭国に渡来したのは、百済では阿花王の時代に集中していることは注意してよい。というのは、先にみたように、三九八年に倭は百済に軍事的圧力をかけ、東韓などの地を奪い、王子を質に取るという挙に出ており、百済がこれらの技術者を倭に送ったのもこれと無関係とは思えないからである。

これらの人々は倭国の朝廷に仕え、やがてその子孫がいわゆる渡来系氏族となる。河内に居住した王仁の子孫の西文首《かわちのあやのおびと》などが有名である。

第二に、集団で渡来した例がある。『古事記』には秦造の祖、漢直の祖とあって個人の渡来と受け取られかねないが、実は秦造の祖、弓月君《ゆづきのきみ》に率いられた秦の民や、漢直の祖、阿知使主に率いられた漢の民が集団で渡来したのである。

第三に、集団の渡来に含まれるが、倭国に俘虜《ふりょ》として拉致されてきた人々がいる。これは半島での倭国の軍事行動に直結するものである。『日本書紀』神功五年三月己酉条の新羅への遠征は、実際は四一八年のことと思われるが、このとき連れてこられた新羅の俘虜は桑原・佐糜・高宮・忍海の漢人の始祖であるという。これらもまた葛城の地名であるが、彼らは襲津彦によって連れてこられたので、今回は葛城氏の管轄下に置かれた可能性が高いだろう。まずは葛城地方が、半島からの渡来人の住処とされたのである。

漢の民と秦の民

第二の集団での渡来について『日本書紀』はやや詳しく記している。

阿知使主の渡来は応神二十年、「己が党類十七県」を率いてやって来たという。『日本書紀』の年代を信用すれば、その渡来は四〇八年のこととなる。先にみたように、『広開土王碑文』によれば、その前年の四〇七年に高句麗は「歩騎五万」の兵で軍事行動を起こしており、四〇四年の事例とも併せてこのことが集団渡来の原因となっていることは十分に考えられる。

弓月君の場合はやや複雑で、十四年に弓月君が来帰して、自分の国の民「百二十県」を率いて「帰化」しようとするが、新羅人の妨害にあって加羅に留まっていると述べたので、葛城襲津彦を遣わして召したが三年経っても帰ってこない。そこで十六年になって平群木菟と的戸田《いくはのとだ》に精兵を授けて加羅に遣わし、新羅国境まで兵を進め、弓月の人夫と襲津彦を伴って帰国したという。

先にみたように、『日本書紀』には応神十六年に百済の阿花王の死去が記してあるので、この年は四〇五年のことだと分かる。はたして弓月君の民の渡来もこの年とみていいかどうかはやや問題もあろうが、これを実年代とすれば、弓月君の来倭は四〇二年のこととなり、その民が加羅で新羅のために足止めをくっているのは、この時期新羅が加羅に侵入していたからだろう。四〇〇年に倭は高句麗に大敗して、朝鮮半島南部での勢いが衰えていたようなので、それに乗じて新羅が加羅に進出したとしても不思議ではない。

彼らが秦を名乗り、その統率者の弓月君は秦の始皇帝の末裔だと『新撰姓氏録《しんせんしょうじろく》』には記されている。後に新羅によって統一される辰韓《しんかん》に秦の遺民を自称する人々が居住していたことは『晋書』辰韓伝にみえている。これらの人々が、四〇〇年の広開土王の新羅領内への侵攻を受けて、倭国に避難するに至ったのであろう。

このようにみれば、秦の民、漢の民はともに広開土王の朝鮮半島南部への出兵のあと、日本列島に渡ってきているように思われる。したがって彼らは百済王室から派遣された個人の渡来人とは性格が異なり、百済と加羅をめぐる倭と高句麗との抗争に伴う集団亡命に近いものだったようなのである。

なお、高句麗の侵攻に伴なう人々の移動は、日本列島への漢や秦の民の場合だけではなかった。『日本書紀』継体二（五〇九）年条には、「任那の日本の県邑」にいる「百済百姓」の「浮逃・絶貫」して、三・四世になる者を百済に移して戸籍につけたという。「任那の日本の県邑」は狭義の任那、つまり、百済南方の半島南西部にほかならない。三・四世といえば、一世代を三十年とみて約百年、ちょうど五世紀の初頭にあたる。つまり、このころ人々の南方移住が頻発していたのであって、秦や漢の民はそのような動きが海を越えて列島に波及してきたものにほかならなかったのである。

この場合、個人としての渡来者は個別に朝廷に仕えればいいわけだが、集団の場合はとうぜん居住地が必要になる。秦の民の場合は、『新撰姓氏録』の秦忌寸の条によれば、それは大和の朝津間・腋上の地であったという。朝津間は朝妻で、腋上とともに葛城地域の地名である。弓月君の渡来には葛城襲津彦が大きな役割を果たしたというから、その縁で葛城の地が居住地とされたのかもしれない。

これらの人々を伴造として統率したのが、秦の民の場合は太秦氏、漢の民の場合は漢氏だが、かれらがそのような任務につくようになるのは、五世紀後半も過ぎた雄略天皇の時代になってからである。

おそらく、当初彼らはその居住地からみて、葛城氏ないしその一族の統率下におかれたのであろう。このことについては後で述べる。

渡来人の配置

一方、渡来人をその時の王宮の周辺に配置するということも行われた。とくに個人で倭に送られた人の場合はそれが顕著である。百済から阿知使主が連れてきた良馬二匹は、軽の坂上に厩を営んで養育したといい、そこを厩坂《うまやさか》といったという。このころから百済の援助でヤマト政権は馬の養育に取り掛かるが、これは兵制の改革をも意味している。高句麗の騎馬兵力に手痛い敗北を喫した倭国は、以後騎兵の充実に励んだろうことは想像に難くない。

これは、応神が進めた王宮周辺の開発とも連動していた。『日本書紀』は十一年のこととして、剣《つるぎ》池《のいけ》・軽池《かるのいけ》・鹿垣池《かのかきのいけ》・厩坂池《うまやさかのいけ》を作ったとあり、このうち鹿垣池はよく分からないが、ほかは応神の王宮のあった軽の地の周辺であって、その地域の開発が進められたことを示している。

もともとヤマト政権は現在、纏向《まきむく》遺跡が確認されている磯城《しき》の地を本拠としており、すでにみた倭の屯田もそのあたりにあった。また初代の神武天皇がカムヤマトイワレヒコと呼ばれたことからみて、纏向のさらに南の磐余《いわれ》の地も同様にヤマト政権の古くからの根拠地であった。また纏向時代の王墓はいわゆる山の辺の道沿いに造営されており、そのさらに北の石上にはヤマト政権の宝庫が置かれていた。つまり初期のヤマト政権の基軸は奈良盆地東部を南北に貫いていたのであって、そのルートは平城山を越えて、敦賀《つるが》にまで達していた。やがて陵墓が奈良盆地北部の佐紀に造営されるようになることも、王宮が纏向から近江の高穴穂《たかあなほ》に移動することも、この基軸に沿った行動とみれば納得がいく。

そして、その背景には日本海航路の外港としての敦賀の重要性があったのである。

この時代の敦賀の重要性を背景にしていると思われるのが、敦賀の塩についての伝説である。『日本書紀』武烈即位前紀によれば、武烈に滅ぼされた平群真鳥が塩に呪いをかけたが、敦賀の塩がそれから外れたので、天皇の食膳には敦賀の塩があがるという。このことと、『古事記』が伝える角賀（敦賀）の蟹の歌などと思い合わせれば、天皇の食膳に敦賀からの食材があげられていたことがうかがえる。おそらく一時期、敦賀が物資の集積地として重要な役割を果たし、王宮経済とも深く結びついていたのである。

ところが、四世紀後半に北部九州が最終的にヤマト政権の支配下に入り、朝鮮半島諸国との通交が開始されると状況は一変する。百済や新羅、加羅からの文物が北部九州から瀬戸内ルートでヤマト政権にもたらされることとなって、奈良盆地南東部のヤマト政権中枢部と河内とくに難波とを結ぶ東西のルートが新たな基軸となったのである。応神天皇が新たに軽の地に王宮を営んだのは、そのことと関連していると考えざるをえない。そして今度は東西の基軸に沿って、開発が進められていったのである。具体的には、王宮の所在地、軽とその周辺である。このような王宮周辺の開発は、仁徳にも受け継がれることとなる。

南朝への遣使と応神の死

さて、今までみてきたようにヤマト政権は何度か高句麗と交戦していたが、四一三年に両国はそろって中国の東晋に使節を派遣する。それはすでに第一章でみたように『日本書紀』応神三十七年七月朔条に対応するものであった。ではなぜ、この時期、ヤマト政権は高句麗への使節派遣にふみきったのであろうか。まず考えられるのが、すでに述べたように、応神の末年に高句麗から倭国に使節が来ており、両国の関係に変化がみられていたと思われることである。ウジワキイラツコの伝説だけでは、外交関係の有無までは判断できないが、少なくとも四〇五年ないし四〇七年の交戦後のことだろう。そして、そのようななか四一二年に広開土王が死去したことで、倭国は高句麗との関係改善を図ったのかもしれない。あまり憶測に走るのはよくないが、四一三年の遣使は本来、東晋へ行くのが目的ではなく、高句麗へのもので、その使節が長寿王の東晋朝貢に便乗したという可能性もあるように思われる。

そして、その後倭国でも応神天皇が死去して、ようやく仁徳天皇の時代について語ることとなった。

第三章　仁徳天皇の治世

1　仁徳天皇の后と葛城氏

仁徳天皇の后について『古事記』は、葛城襲津彦の娘、イワノヒメと、日向のカミナガヒメ、ウジノワキイラツコの妹、ヤタノワカイラツメとウジノワカイラツメの四人を挙げるが、子供がいたのは、イワノヒメとカミナガヒメだけだとする。『日本書紀』も、イワノヒメ（磐之媛）を皇后、カミナガヒメ（髪長媛）を妃と記し（二年三月戊寅条）、磐之媛の死後、八田皇女を皇后としたとある（三十八年正月戊寅条）。

髪長姫をめぐる逸話

このうち髪長媛については、皇子時代の逸話がある。応神天皇は日向国の諸県《もろがた》君牛諸井の娘、髪長媛が美人だと聞いて、召し出そうと思い（『日本書紀』応神十一年是歳条）、専使を派遣して召したら、日向からやってきて桑津に安置されたが、それをオオサザキが見て「恋情」を抱いた。すると、それを知った応神天皇は、宴会に髪長媛を召してオオサザキに紹介して、媛を皇子に賜ったという。いやに物わかりのいい父親であるが、もともと応神は髪長媛をキサキにしようという気などあまりなかったのかもしれない。

髪長媛が大和にやって来た経緯には別の伝えがある。『日本書紀』応神十三年三月条の「一云」によれば、髪長媛の父、牛はもともと朝廷に出仕していたが、年老いたので本国に帰り、代わりに娘の髪長媛を献上したと記し、その時に媛を送ってきた使節が鹿皮を衣服としていたので、淡路島にいてそれを遠望した天皇には、鹿が海に浮かんでやってきたように見えたこと、彼らが着岸した場所を鹿子水門と名付けたなどという。鹿子水門は加古川の河口である。

諸県は日向の南西部、現在の宮崎県小林市や都城市のあたりで、日向国の中心部、西都原《さいとばる》古墳群のある地域とは違い、景行の皇子、豊国別皇子を祖とする日向国造とは別の、地元の豪族であるらしい。その族長が朝廷に仕え、その代わりに娘を差し出したというのは興味深い。のちの隼人の上番の先駆けをなすものなのかもしれない。つまり、牛本人の出仕も娘の献上もともに地方豪族の服属のあかしなのである。

日向は景行天皇の九州遠征のときにヤマト政権の支配下に入ったと思われ、『日本書紀』景行十八年三月条には、諸県君の泉媛が夷守《ひなもり》（宮崎県小林市）で天皇に食事を献上しようと一族が集まったと記し、応神天皇の妃には日向の泉長媛の名がみえる。諸県君の女性かどうかは分からないが、泉媛や髪長媛とよく似た名前なのでその可能性はあろう。とすれば、女性の献上は前代からすでに行われていたこととなる。

このようにみれば、仁徳の皇子時代からの后は、葛城出身のイワノヒメと日向のカミナガヒメだったと思われるが、いわゆる正妻の地位にあったのは、イワノヒメだった可能性が高い。そして、彼女との間には、イザホワケ、スミノエノナカツミコ、ミズハワケ、アサヅマワクゴの四人の子供があった。いっぽう髪長媛との間には、オオクサカ、ハタビ皇女がいたが、皇位を継いでいるのはいずれも磐之媛の産んだ皇子たちである。ただし、彼には即位した時点では王族出身の妃はいなかったのである。

葛城氏との関係

いずれにせよ、仁徳は皇子時代から葛城氏と関係が深かった。では、葛城とはヤマト政権にとっていかなる場所で、葛城氏とはどのような氏族なのであるか。ここで少しそのことに触れておこう。

もともとヤマト政権は奈良盆地南東部の、いわゆる狭義のヤマトを拠点としたのに対して、盆地の南西部、金剛・葛城山地の麓に広がる葛城の地は、また別個の地域であった。大和朝廷の始祖、神武天皇が宇陀から奈良盆地に侵入したころ、葛城地域にはコトシロヌシを奉斎する集団が住んでいたらしい。後の葛城の鴨氏である。

『日本書紀』の神武紀によれば、大倭（ヤマト）とは別に葛城の国造が設置されているのもそのゆえであろう。このとき国造に任命されたのは、剣根《つるぎね》という人物だったと伝えられるが、この葛城国造の一族は、やがて格下げされて県主とされた。それが葛城直である。この氏族と鴨氏との関係など詳しいことは分からないが、おそらくは、葛城土着の有力豪族だったのであろう。

これに対して、ふつう葛城氏と呼ばれているのは、武内宿禰後裔氏族の一つである葛城臣である。武内宿禰は孝元《こうげん》天皇の孫（『日本書紀』）または曾孫（『古事記』）とされる人物で、景行から仁徳に至る五代に仕え、三百歳の長寿を保ったということから、伝説上の人物で、実在性は乏しいとされている。しかし、三百歳はともかく、仁徳即位が四一〇年頃とすれば、景行朝から百年ほど経っており、百二十歳ほどのまれにみる長寿を想定すればありえないことではない。歴代でのその事績が具体的だということとも併せて、その実在はありうることと考える。

その武内宿禰には九人の子供があり、そのうちの男子が波多（羽田）、巨勢、蘇我、平群、紀などの氏族の祖となった。そのなかで葛城氏の祖先が葛城襲津彦、つまりイワノヒメの父親である。

つまり、イワノヒメの出身氏族は葛城を称しているものの、葛城地方出身の豪族ではなく、大王家から分かれた皇別氏族であって、そうだからこそ臣の姓を有しているのである。この氏族はおそらく、土着の豪族である葛城直の上に君臨したと思われる。というのも、土着勢力の上に大和朝廷と関係のある氏族が君臨するというのが、ヤマト政権の統治方法だったからだ。その典型が国県制である。

国造と県主

大化改新までの時代、ヤマト政権は地方支配の機構として国と県を設定し、国には国造、県には県主や稲置と呼ばれる官を置いていた。両者の関係は、『隋書《ずいしょ》』倭国伝にある「軍尼一百二十人あり、なお中国の牧宰のごとし。八十戸に一伊尼翼《いなぎ》を置く、今の里長の如きなり。十伊尼翼は一軍尼に属す」という記載などからみて、国のもとに県が置かれたとみてよい。伊尼翼は県を治めた稲置の音写だろう。

ただ、一国の個数が十伊尼翼つまり八百戸というのは少なすぎるし、県が編戸されているのも不可解ではある。おそらく、この記述には当事すでに人身把握がなされていた朝廷領である屯倉との混乱があるように思われる。『隋書』の記事は、七世紀初頭、隋の使いが来た頃の倭国では、国のもとに県と屯倉が散在していた状況を示していると考えられる。

さて大和には六つの県があり、大和の六の御県と呼ばれている。葛城（葛木）県もその一つだが、そのほかに高市、十市、志貴、山辺、曽布の諸県があった。『延喜式《えんぎしき》』の祝詞（祈年祭、月次祭）に、大和の六の御県「に生ひ出づる甘菜・辛菜を持ち参ゐ来て、皇御孫の命の長御膳と聞こしめす」とあるように、これらの県からは天皇への食材が貢納されていた。原秀三郎氏は、県主とは「帰順した土着勢力が王権の直轄領に編入され、（中略）王宮経済への貢納義務を負った」ものと述べている（「国造・県主制の成立と遠江・駿河・伊豆」）。『日本書紀』安閑紀に、摂津の三島県主から土地を献上させて直轄地の竹村屯倉を設定しているから、県は王権の直轄領とは考えられないが、土着勢力が貢納義務を負ったとする指摘は正しい。

つまり、県主に任じられるということは、ヤマト政権に服属した先住勢力が旧来の支配地を改めて認めてもらう、いわば本領安堵のようなもので、県（あがた）とは、吾が田、自分の土地という意味であろう。そして、その見返りに県主は朝廷への貢納を義務づけられたのである。それに対して国造は、王族やヤマト政権に属する豪族が地方を支配する場合が一般で、その領域も県よりは広範囲であった。

このような国県の制度は、記紀ともに成務天皇の時代に整備されたと伝えている。このうち国造については、成立時期を下げる見解が支配的だが、その根拠はさしたるものではなく、私は成務朝での制度の成立は景行朝での版図拡大をふまえたもので、蓋然性は高いと思う。ただし、その原型はそれ以前から存在したと思われる。ヤマト政権のお膝元である奈良盆地では、早い段階から、国（大倭、葛城）、県（高市、十市、志貴、山辺、曽布のちに葛城）、そしてミヤケに相当する直轄領として屯田が併存していたのである。この屯田の重要性についてはすでに触れた。

このうち葛城の場合は、国から県への編成変えで、国制としては大倭国に含まれることとなったが、実際の上級支配者は、大倭国造の大倭直ではなく、王族出身の葛城氏だというところに特徴がある。それだけ、ヤマト政権にとって重要な地域だったということであろう。

ヤマト政権と葛城地方

それでは、葛城直の上に葛城臣が君臨するようになったのはいつ頃からだろうか。葛城臣の祖、葛城襲津彦は、すでに述べたように神功紀のサチヒコとは別人らしいので、応神紀の弓月君渡来の記事が初見とみてよい。四世紀末から五世紀前半の人物だろう。では、ヤマト政権の葛城統治の方法が変化したのもそのころだろうか。私は、それよりいくぶんさかのぼる時期だと考えている。

それは近年葛城地方で発掘調査が進められている秋津《あきつ》遺跡を考えてのことである。この遺跡からは、塀に囲まれた区画内に、伊勢神宮社殿にもみられる独立棟持柱を持つ八棟を含む三十七棟の掘立柱建物が検出され、「葛城氏の中枢施設」（『読売新聞』二〇一一年八月二十四日）という評価もある。

秋津遺跡（奈良県御所市條）
（阿南辰秀撮影／奈良県立橿原考古学研究所提供）

しかし、考古学の年代推定を信用すれば、この遺跡は四世紀前半のものというから、葛城襲津彦の活躍した時代より一世代ほど古い。したがってマスコミでは、「襲津彦につながる豪族」（辰巳和弘氏）などという曖昧な表現が見受けられる。

これは私に言わせれば、例によって『日本書紀』への不信を前提とした見解としか思えない。文献によるかぎり葛城氏は襲津彦より古くさかのぼることはできない。襲津彦の前の時代とすれば、文献からは武内宿禰以外には考えられないであろう。つまり秋津遺跡は武内宿禰の葛城における根拠地にほかならず、それまで実在が疑問視されてきた武内宿禰の実像に迫ることができる画期的な遺跡なのである。そして、この遺跡の発見によって、ヤマト政権は、四世紀前半には葛城に拠点をおいて直接支配を進めていたことが判明する。とすれば、土着の勢力であるのちの葛城直を国造から県主に格下げしたのも、ほぼ同じ頃とみるのが自然だろう。

ただし、武内宿禰が支配した地域は、今日の葛城地方よりも広範囲だったらしい。つまり、葛城をはじめとして、彼の子孫の平群・巨勢・蘇我らをも含めた奈良盆地の南西部が、南東部の狭義のヤマトに対する、いわば広義の葛城というべき地域だったのではないかと思われる。そして、その地域に封じられて朝廷を支えたのが武内宿禰であって、その拠点が秋津遺跡なのであろう。

かつて直木孝次郎氏は、雄略天皇と葛城の一言主神との伝説から「ある時期のヤマト政権の本拠地の防衛戦」が高取川つまり久米川を境界にしていたと推測したことがあった（「葛城氏と大王家」）。直木氏は、その「ある時期」を五世紀中～後期と考えたが、その時期までヤマト政権が葛城を掌握していないとは考えがたい。しかし、その時期を葛城の国があった時期、つまり三～四世紀までさかのぼらせれば、直木氏の想定は十分成立の可能性があると思う。つまり、狭義のヤマトは、久米川を境に葛城と接していたのである。久米川の名称からみて、この境界地帯には久米が配されていた（神武紀）。久米は初期ヤマト政権の軍事集団であって、葛城に対する備えにあたったのであろう。

この葛城の地域が纏向に王宮を構えるヤマト政権の支配下に入ったのは、秋津遺跡の年代を参考にすれば四世紀前半頃で、そのとき葛城に封じられたのが武内宿禰だった可能性が高い。とすれば、神武紀にある葛城国造の任命は、実際はそのころに下るのかもしれないが、今はその可能性だけを指摘するにとどめたい。

磐之媛の父、葛城襲津彦の活動は、初見の神功五年三月己酉条の新羅への派遣が実は四一八年のこととすれば、弓月君の民を召喚しに加羅に派遣されたのが最初である。『日本書紀』の年次を信用すれば四〇二年のこととなる。同じ武内宿禰の子供でも三九一年に百済に遣わされた平群木菟らより登場するのが後なのは、彼が年少だったからであろう。オオサザキが磐之媛と結婚した頃は、ちょうど彼が外交に手腕を発揮し始めた頃だったと思われる。

『日本書紀』によれば、襲津彦はこのように朝鮮に軍事、外交的役割を帯びて派遣されており、ヤマト政権下でそのような任務を任されていた可能性が高い。その職掌柄、渡来人集団とも関わりが深く、彼らを傘下に収めていたことはすでに述べた。これもまた葛城氏の勢力が大きくなる一助であったことは疑えない。

ただ、渡来人集団の関係も断片的な情報であって、葛城氏に特有かどうかは即断できない。この時期、朝鮮に派遣された人物は葛城襲津彦以外にもあったから、彼らも同様に渡来人集団を配下にしていた可能性は否定できないだろう。しかし葛城氏が屈指の大豪族だったことは動くまい。

地方豪族の娘に執心

ところが、このような有力氏族の娘を正妻としながらも、仁徳天皇には止みがたい浮気癖があったとされており、仁徳天皇というと彼の女性スキャンダルと后の磐之媛の嫉妬譚がよく知られている。先にみた日向の髪長媛も彼の好色を示す例の一つだが、その手の話はこれ以外にもある。『古事記』には、吉備の海部直の女、クロヒメが大后イワノヒメの嫉妬を恐れて本国に逃げ帰り、天皇がそのあと淡路島に行くと称して、吉備に行幸するという話を載せている。

この時、天皇はクロヒメの船が海に出たのを高台から見て、

沖方には　小船連らく　くろざやの　まさづ子我妹　国へ下らす

（沖の方には小船が並んでいるよ。まさづこの我妹が故郷へ下るのだ）

と歌い、それを聞いた磐之媛が怒って、人を大浦に派遣してクロヒメを徒歩で追いやったという。また、天皇はクロヒメを恋いて、淡路島に行くと磐之媛をだまして吉備に行幸した。このとき淡路島で天皇が歌ったのが、

おしてるや難波の崎よ　出で立ちて　わが国見れば　淡島　おのごろ島　檳榔の　島も見ゆ　さけつ島見ゆ

（照りわたる難波の崎から出で立って国見をすると、淡島・自凝島・檳榔樹の島も見える。離れ島が見える）

という歌であるが、歌の内容は難波崎に立って大阪湾を望んでいるものであって、本来は難波から見た国見の歌であったのだろう。

この話は『日本書紀』には見えず、応神二十二年に吉備臣の祖、御友別の妹の兄媛が帰郷する話が

載っている。これとクロヒメの物語の類似を指摘する向きもあるが、両者は吉備出身という以外は、身分も境遇も異なっており、掲載された歌謡も、

淡路島いや二並び　小豆島　いや二並び　寄ろしき嶋嶋　誰かた去れ放ちし　吉備なる妹を　相見つるものを

（淡路島は小豆島と二つ並び、小豆島は淡路島と二つ並び好もしい島々だ。だのにだれが引き離してしまったのだ。吉備の国の妹とむつみあっていたものを）

というもので、クロヒメの場合とは異なっていて、同じ伝説とはとてもいえない。すでに髪長媛の時に述べたように、この時期、地方豪族の子女が中央に様々な形で出仕しており、それにまつわる伝説が天皇の時代を変えて伝わっていたとしても、一向に不思議はない。ちなみに、この歌謡には淡路島と小豆島が歌われているが、この二つの島が望めるのは、播磨灘とその沿岸であって、おそらくはその地域の民謡でもあったのであろう。

桑田玖賀媛

また『日本書紀』にも、十六年七月戊寅条に、宮人の桑田玖賀媛《くがひめ》の物語がある。この事件は、天皇が宮人の玖賀媛を寵愛しようとするが、皇后の嫉妬が怖くてできない。この独身のまま過ごさせるのもかわいそうだというので、播磨国造の祖、速待なる者に与えたが、玖賀媛は彼を拒絶、天皇は気を利かせて速待に玖賀媛を郷里に送らせるが、彼女は道中で病死したという。

桑田とは丹波国桑田郡、現在の亀岡市のあたりである。

この物語にも歌謡が付随していて、天皇が媛を養ってくれる者を探したときに「水底ふ　臣の少女を　誰養はむ」と歌ったのに対して、播磨の速待が「みかしほ　播磨速持　岩壊す　畏くとも　吾養はむ」と歌って答えたという。

いずれも宮廷に出仕していた地方豪族の娘に、天皇が手を出そうとした話である。ここから、地方豪族の女性が朝廷に出仕していたことがうかがえて興味深い。

磐之媛と八田皇女

それとは少し趣きが異なっているのが、ヤタノワカイラツメをめぐる一件である。天皇は即位後、ウジノワキイラツコの妹、八田皇女をキサキにしようとしてイワノヒメの反対に遭う。このあたりを『日本書紀』は歌謡を引用して叙述している。

まず、仁徳は大胆にも、磐之媛に八田皇女を妃にしたいと持ちかけて拒否される（二十二年正月条）。これは、たんに仁徳が浮気をしたというレベルのものでないことを示している。この逸話にも歌謡が付随していて、天皇と皇后の掛け合いになっている。

〈仁徳〉貴人の　立つ言だて　儲弦　絶え間継がむに　並べてもがも
（貴人の立てる言い立てに、用意の弓のつるを切れたら継ぐというが、そのように八田の皇女を並べたいものだ）
〈磐之媛〉衣こそ　二重も良き　さ夜床を　並べむ君は　畏きろかも

（着物なりゃこそ二枚重ねもよいが、夜床を二つ並べようとするあなたはおそろしいことです）

〈仁徳〉押し照る　難波の崎の　並び浜　並べむとこそ　その子は有りけめ

（難波の崎の並び浜。皇后と並べるようにと、その子は生きてきたろうに）

〈磐之媛〉夏蚕の　蚕の衣　二重著て　囲み宿りは　あに良くもあらず

（夏蚕は二度繭を作るが、二人の女を娶って囲んで宿るのはけっしてよくないことよ）

〈仁徳〉朝嬬の　避介の小坂を　片泣きに　道行く者も　偶ひてぞ良き

（朝妻山の避介の小坂を。独り泣いて道を行く人も道連れがあればよいのですよ）

〈磐之媛〉……（沈黙）

なにやらアブノーマルな雰囲気が漂うが、それはともかく、皇后は許すものかと思って返答しなかった。

ところが、仁徳は懲りずに、彼女が紀の国に行っている間に、八田皇女を宮中に入れてしまう（『日本書紀』仁徳三十年九月乙丑条）。このことを知った皇后は大いに恨んで、紀伊の熊野岬で採集した御綱葉を海に捨てて、ついに難波宮に帰らなかった。

ここにも歌謡がある。まず大津で磐之媛を待っている仁徳天皇の歌。

難波人　鈴船取らせ　腰なづみ　その船取らせ　大御船取れ

（難波人よ鈴船の綱を引け。腰まで水につかってその船を引け。大御船を引け）

皇后は堀江をさかのぼって山背から大和に向かう。大和の葛城は彼女の故郷である。そこで天皇は、舎人の鳥山という者を遣わして彼女を帰ってこさせようとする。その時の天皇の歌。

山背に　い及け鳥山　い及け及け　吾が思ふ妻に　い及き会はむかも

（山城で追いつけ鳥山よ。追いつけ追いつけ、私のいとしい妻に追いついて会ってくれよ）

しかし皇后は帰らずに山背川、今の木津川に至って、歌を歌った。

つぎねふ　山背河を　河泝り　我が泝れば　河隈に　立ち栄ゆる　百足らず　八十葉の木は　大君ろかも

（山また山の山城川を川上りしてさかのぼって行くと、川の曲り角に立ち栄えている。多くの葉の茂った木は大君の栄えますようだ）

皇后はさらに那羅山（平城山）を越え、葛城地方を望んで歌った。

つぎねふ　山背河を　宮泝り　我が泝れば　青丹よし　那羅を過ぎ　小建　倭を過ぎ　我が見欲し
国は　葛城　高宮　我家のあたり
（山また山の山城川を高殿目ざしさかのぼって行くと、青土の地奈良山を過ぎ小楯の地大和を過ぎて、私の見たい国は葛城の高宮のわが家のあたりです）

筒城での磐之媛

しかし、どうしたわけか磐之媛は葛城には向かわずに、山背に戻って筒城《つつき》岡の南に宮室を作って、そこに居住したという。筒城はのちの山城国綴喜郡の地域である。

そこで天皇は口持臣《くちもちのおみ》なる者を派遣して皇后を呼び返すが、皇后は拝謁した口持臣に何も答えない。口持臣は雪雨に濡れながら何日も皇后の宮殿の前に伏していたが、これを見た口持臣の妹の国依媛が悲しんで、

山背の　筒城宮に　物申す　我が兄を見れば　涙ぐましも
（山城の綴喜の宮で皇后に申しあげるわが兄を見ると涙が出そう）

筒城宮伝承地（京都府京田辺市多々羅）

と歌った。国依媛が泣くのをみた皇后はそのわけを聞くが、「兄を速やかに帰らせよ。私は帰らない」と言ったので、口持臣は帰って天皇に報告した。

そこで天皇は自ら筒城宮に出向くが、皇后は会うことを拒んで、「皇女に副ひて后たらまく欲せず」と述べたという。彼女は八田皇女が自分と同等ないしは上位に立つのを嫌ったのである。天皇はついに皇后に会うことがかなわずに、帰還した。

この時、山背に向かう際に、桑の枝が流れていたので、天皇が歌ったのが、

つのさはふ　磐之媛が　おほろかに　聞さぬ　末桑の木　寄るましじき　河の隈隈　寄ろほひ行くかも　末桑の木

（磐之媛が並々のものにはおっしゃらないうるわしい桑の木。寄るはずのない川のすみずみをあっちへ寄りこっちへ寄りして流れて行くよ。うるわしい桑の木）

という歌で、皇后に会おうとして歌ったのが、

つぎねふ　山背女の　木鍬持ち　打ちし大根　さわさわに　汝が言へせこそ　打渡す　弥木栄なす来入り参来れ

（山また山の山代の女が木の鍬で掘りおこした大根。さわがしくそなたが言われるので一面に見渡される

茂った桑の枝のようにおおぜい引連れてやって来たのですぞ)

つぎねふ　山背女の　木鍬持ち　打ちし大根　根白の　白腕　纏かずけばこそ　知らずとも言はめ

(山また山の山代の女が木の鍬で掘りおこした大根。その根が白いように白いそなたの腕を枕にしたことがなかったのなら「知らない」というのもよかろうが)

の二首という。しかし、皇后は天皇と会うことを拒否し、天皇はむなしく難波に帰るのである。二人の仲はここに完全に決裂した。磐之媛がこれほど仁徳と八田皇女との仲を認めないのは、やや尋常ではないように思われる。

『古事記』の歌物語

この物語は『古事記』にもみえるが、ここでは天皇が皇后に八田皇女を后にしたいと磐之媛にもちかける部分はなく、紀伊からの帰途、仁徳と八田皇女との関係を知った磐之媛が、堀江をさかのぼって山背に行く場面から始まっている。ここでも歌が付随していて、磐之媛が歌ったのが、

つぎねふや　山代河を　河上り　我が上れば　河の辺に　生ひ立てる　烏草樹を　烏草樹の木　其の下に　生い立てる　葉広　ゆつ真椿　其の花の　照りいまし　其の葉の　広りますは　大君ろかも

（山また山の山代川を川上りして上っていくと、川のそばに生え立っている烏草樹よ烏草樹の木。その下に生え立っている葉の広い聖なる椿。その花のように照り輝きその葉のように広大にいますはわが大君ですこと）

という歌で、『日本書紀』が記すものとは、冒頭と末尾は同じだが、中間が異なっている。だが、いずれも川辺に生えている木を歌っている点は同じで、木津川を行き来する舟歌のようなものだったのであろう。もう一つの葛城を望む歌は、『日本書紀』と同じである。そして、『日本書紀』が筒城に宮室を作ったというのを、筒木（筒城）の韓人、奴理能美《ぬりのみ》という人の家に入ったという。

奴理能美はヌリノオミのなまった言い方で、『新撰姓氏録』には努理使主（左京諸蕃・調連、河内国諸蕃・水海連）、努利使主（右京諸蕃・民首）、怒理使主（山城国諸蕃・民首）として記されており、応神天皇の時代に百済から渡来したらしい。

さて、天皇が鳥山を遣わしたときの歌も『日本書紀』と同じである。また天皇が二度目に遣わしたのは、『日本書紀』では一説として注記されている丸邇臣口子となっており、その時の天皇は、

みもろの　その高城なる　大韋古が原　大猪子が　腹にある　肝向ふ　心をだにか　相思はずあらむ

（御諸山のその高いとりでにある大韋子が原。その名のような大猪子の腹の中にある肝の向きあっている

心だけでも思いあってはくれないだろうか）

と、先ほど紹介した『日本書紀』にもみえる、

つぎねふ　山背女の　木鍬持ち　打ちし大根　根白の　白腕　纏かずけばこそ　知らずとも言はめ

の二つの歌を歌い、口子はそれを磐之媛に伝達したとされている。この時、口子臣は雨の中を跪いていたので、その妹の口比売が、

山背の　筒城宮に　物申す　我が兄の君は　涙ぐましも

と歌ったので、磐之媛が尋ねたら、自分の兄だと答えたという。

そこで口子臣と口比売、奴理能美が相談して、磐之媛が筒木に来たのは奴理能美が飼っている蚕を見るためだったと天皇に報告した。ことを穏便に収めようとしたのである。

ちなみに『新撰姓氏録』には、努理使主の四世の孫の麻利弥和なる者が、顕宗天皇の時代に、蚕織して「絁絹の様」を献上したから調首の姓を賜ったとみえるので、養蚕に詳しい氏族だったのであろう。ともかく、天皇は自分も見に行こうということで、奴理能美の家にやってきて、

つぎねふ　山背女の　木鍬持ち　打ちし大根　さわさわに　汝が言へせこそ　打渡す　弥木栄なす　来入り参来れ

（山また山の山代女が木の鍬で耕し作った大根。さわがしくそなたがいわれたからこそ一面に見渡される茂った桑の枝みたいにおおぜい引連れてやってきたのですぞ）

と、磐之媛のいる殿舎の戸に立って歌いかけた。『日本書紀』の物語と比べるとなんとなく中途半端な感がするが、『古事記』によれば、これらの歌謡は「志都歌《しつうた》」だそうである。志都歌はこれ以外に、『古事記』雄略天皇の段で、天皇と引田部赤猪子《ひけたべのあかいこ》の伝説に付随した歌にもみられ、宮廷の楽府に伝えられた歌謡らしい。

このように、仁徳と磐之媛の物語には、筒城に遣わされた人物を口持臣とするものと口子臣とするものの二つのバージョンがあって、おのおのを『日本書紀』と『古事記』が採用したのであろう。両者は細部では異同があるものの、大筋では似たような物語であったことが分かる。そのもとには、磐之媛が難波を出て山背の筒城に住まわったという事実があったものとみてよいと思うが、細かなことまでは物語化されているのではっきりさせるのは難しい。

難波津の位置

ちなみに、この物語は、仁徳朝に整備されたと思われる難波津の位置を決めるのに重要な手掛かりを与えてくれる。

難波津の位置については、現在二つの説が有力視されている。一つは主に地名からのもので、大阪

三津寺（大阪市中央区心斎橋筋）

市の三津寺付近とするもの（千田稔『埋もれた港』）、もう一つは主に立地条件から難波堀江を入ったところにあったと思われる入江を利用したとみるもので、のちの東横堀川にかかる現在の高麗橋付近とするものである（日下雅義『地形からみた歴史』）。このうち、後者が有力視されているが、実際はどうなのであろうか。

『日本書紀』では、「難波済」で天皇と八田皇女との関係を知った皇后は、採集した御綱柏を海に投げ入れて、天皇の待つ「難波大津」を素通りして江をさかのぼって山背に入ったとある。『古事記』では大后の船に遅れた倉人女の船が「難波大渡」で吉備の児島の仕丁が帰国するのに遭遇して天皇と八田皇女との関係を知り、大后の船に追いついてご注進に及び、大后は怒って御綱柏を海に投げ捨てたので、そこを「御津前」といったという。大后は宮に入らず、堀江をさかのぼって山背に向かった。

つまり、紀伊からの行程を『日本書紀』は、難波済→難波大津→江と記し、『古事記』は、難波大渡→御津前→宮→堀江と記しているのであるが、ここで難波大津と御津が同一のもので難波津を指すと思われるから、大阪湾を北上する際に、御津＝大津が宮つまり難波高津宮と堀江よりも手前に位置したことは

磐之媛陵（奈良市佐紀町）

明らかなのである。このようにみれば、難波津は堀江の手前に位置したことは疑いようがなく、従来の三津寺説が正しいとせざるをえないだろう。

また天皇が大津で皇后を待っていることからみて、難波津から上陸して高津宮に至るルートがあったことも推測できる。つまり、難波津は難波宮の外港として整備されたと考えてよいと思われる。

磐之姫の死後

さて『日本書紀』によれば、この出来事のあと、仁徳はイザホワケを皇太子としたという（三十一年正月丁卯条）。事実かどうかは分からないが、イワノヒメが産んだ皇子を後継者に指名し、ひいては彼女の地位も認めたということなのだろう。だが、その後、磐之媛は筒城宮で亡くなり（三十五年六月条）、乃羅山（平城山）に葬られた（三十七年十一月乙酉条）。現在、奈良盆地北部の佐紀《さき》古墳群の中に磐之媛陵に比定されている古墳がある。仁徳天皇は大阪府堺市の百舌鳥古墳群中に陵墓があるから、両者は死後も離れて眠っていることとなる。

その後『日本書紀』では、待っていたかのように八田皇女が皇后とされたというが（三十八年正月八日条）、仁徳在世中に磐之媛が亡くなったことは『日本書紀』にしかみえず、『古事記』は仁徳の大后つまり皇后はあくまで磐之媛だという立場で書かれている。八田若郎女も結局仁徳に召されなかったというストーリーであって、天皇が郎女にふられたとおぼしき歌のやり取りが記されている。

〈仁徳〉八田の　一本菅は　子持たず　立ちか荒れなむ　あたら菅原　言をこそ　菅原と言はめ　あたら清し女

（八田の一本菅は子を持たず立ち枯れるのか、惜しい菅原よ。言葉でこそ菅原というが惜しいのは清し女よ）

〈若郎女〉八田の　一本菅は　大君し　よしと聞こさば　一人居りとも

（八田の一本菅は独り身でいましょうとも。大君さえよいと仰せなら独り身でいましょうとも）

したがって、『日本書紀』のいうように、磐之媛が亡くなって八田皇女が仁徳の皇后（大后）となったかどうかは分からない。ただ『古事記』の方が物語性が強いように思われるので、磐之媛が死亡したかはともかく、仁徳が八田皇女を皇后として遇したのはありうべきではないかと思う。その年次はもとよりはっきりとはしないが、仁徳の死亡年次は四三二年と思われるから、それ以前のことであるのはたしかである。

八田皇女にこだわった理由

しかし、それにしても、磐之媛の尋常ではない拒否に遭いながら、八田皇女との結婚にかくまで仁徳がこだわるのは、たんに彼の好色のせいばかりとは言えないのではなかろうか。そもそも仁徳には王族出身の后はいなかった。私は、王族の娘とのこの結婚はオオサザキにとって王位継承の正統性を担保するような意味があったのではないかと考える。

しかし、もうひとつ仁徳にはこの結婚に思惑があったようである。実は仁徳が后にすることにこだわったのは、八田皇女だけではなかった。彼女の妹のウジノワカイラツメも仁徳の后となっている。さらに彼は、もう一人の妹、雌鳥皇女をも娶ろうとする。つまり、仁徳はウジノワキイラツコの妹をみな娶ろうとしたのである。しかし、今度は仁徳の思いどおりにはいかなかった。雌鳥皇女のもとに遣わした隼別皇子《はやぶさわけのみこ》が彼女と昵懇になってしまったのである。

隼別皇子と雌鳥皇女

隼別皇子は応神の皇子で、母は桜井田部連男鉏の妹、糸媛で、仁徳の異母弟である。それを知らずに皇女の殿に行った天皇は、そこで織女が歌っていた歌から、二人の結婚を悟ったが、あえて罪を問わなかった。しかし、隼別皇子と雌鳥皇女の会話で自分が貶められたと知って、また恨みを抱き、ついに隼別皇子の舎人が歌った「隼は　天に上り　飛び翔り　斎が上の　鷦鷯取らさね」という歌を聞いて、ついに隼別の殺害を決意する。

隼別は雌鳥を伴って伊勢神宮に赴こうとするが、仁徳は吉備品遅部《ほむち》雄鮒と播磨佐伯直阿俄能胡《あがのこ》を遣わして後を追わせた。追手の二人は菟田《うだ》の素珥山《そにやま》で隼別らに迫ったが、草の中に隠れて窮地を脱して、山を越えて逃走した。

梯立の　嶮しき山も　我妹子と　二人越ゆれば　安席（やすむしろ）かも

曾爾高原（奈良県宇陀郡曾爾村）（時事通信フォト）

（はしごのようにけわしい山も、わが妻と二人で越えれば安らかなむしろよ）

これは、この時に隼別が歌ったという歌である。

この菟田の素珥山という場所は現在の宇陀郡曾爾村の曾爾高原で、秋のススキで有名な場所である。いまも背丈より高いススキが繁茂しているが、古代も同じような景観だったのだろう。

しかし結局、彼らは伊勢の蔣代野《こもしろのの》というところで殺されてしまった。二人の遺体は廬杵河《いほきがわ》（雲出《くもず》川と考えられる）のほとりに埋められたという。

同様の物語は『古事記』にも見えているが、二人は倉椅《くらはし》山《やま》を逃れ、蘇邇（曾爾）で殺害されたということになっている。この時に隼別が歌った歌が次の二首だという。

梯立の　倉椅山を　嶮しみと　岩懸きかねて　我が手取らすも

（梯子を立てたような倉橋山がけわしいので、岩につかまれずに私の手にすがるよ）

梯立の　倉椅山は　嶮しけど　妹と登れば　嶮しくもあらず
（梯子を立てたような倉橋山はけわしいけれど、妻と登ればけわしくもない）

後日談

この事件には後日談がある。追手らは雌鳥皇女の所持していた玉釧を奪い取ってしまう。その後、豊楽《とよあかり》の宴会で、『日本書紀』はそれを佐伯直阿俄能胡とし、『古事記』は山部大楯連とする。それを持っているのが露見する。『古事記』では大楯の妻が、『日本書紀』では近江山君稚守山の妻と采女の磐坂媛がそれを持っているので、阿俄能胡は盗品を妻にプレゼントし、彼女はパーティー用の服飾として、山君稚守山の妻と采女に貸してあげたのだろう。今に変わらぬマダムのお付き合いがうかがわれて興味深いが、阿俄能胡はこのことが発覚して、あやうく死刑になるところを、土地を献上して一命を取り留めたという。ちなみに、宴会で雌鳥皇女の遺品を見つけるのは、『日本書紀』では八田皇女だが、『古事記』では磐之媛になっていて、大楯は磐之媛によって死刑にされたこととなっている。

では、この事件の意味するところは何か。まずは、雌鳥皇女への仁徳の求婚が隼別により阻まれたことが原因とみることができる。すでに仁徳は八田皇女を妃としており、記紀によればさらにその妹のウジノワカイラツメとも結婚している。したがって、ここで雌鳥皇女と結婚すれば、ウジノワキイラツコも姉妹はみな仁徳の妻になることとなる。これは、すでに当主のワキイラツコが亡くなったあとの宇治王家の乗っ取りといえるのではなかろうか。ワキイラツコの一族は、もちろんウジを根拠としていたが、それ以外にも所領をもっていたらしい。そのことがうかがえるのが、『日本書紀』仁徳三十八年七月条にみえる菟餓野《とがの》の鹿の伝説である。

天皇が八田皇女とともに高台に暑さを避けている時、夜な夜な菟餓野の鹿が鳴く声が聞こえたが、月末になって聞こえなくなった。そうすると翌日に、猪名野の佐伯が捕獲した鹿がもたらされて、それが菟餓野の鹿であることが分かった。さてはあの鹿だったのかと知った天皇は、佐伯を王宮近くに置くわけにはいかないと称して、安芸に移してしまう。

菟餓野の鹿

菟餓野の鹿の声が聞こえたのだから、仁徳が八田皇女と居た場所はその至近距離にあったのであろう。その場所が難波近辺であった可能性もあるが、猪名野の佐伯が捕獲したとすれば、その場所は猪名野と近いところにあったとすべきであろう。とすれば、その菟餓野とは、神功皇后の軍を明石海峡で迎撃しようとしたカゴサカ王とオシクマ王が祈狩をした場所で、摂津の八田部郡に位置しているところに求めるべきであろう。

ここで注意すべきが、この郡に宇治郷があることである。つまり、この地域は宇治の王家の所領だったのであろう。とすれば、菟餓野の近くで仁徳が八田皇女と一緒にいた場所は、彼女の所領であった可能性も大きい。つまり仁徳は宇治王家の所領を入手していたのである。さらにいえば、仁徳が彼女と結婚した目的はそこにあったのではないかと思われてくる。

このようにみれば、仁徳にとってウジノワキイラツコの遺族との結婚は、政治的・経済的にぜひとも必要なものなのであって、そのためには磐之媛との関係の悪化も厭わなかったし、隼別を誅殺もしたのである。その点で、第一章でみた『日本書紀』の伝え、ウジノワキイラツコの蘇生と遺言が、オオサザキとヤタノイラツメとの結婚の正統性を主張しているように読めることは重要である。つまりこの記事は仁徳の宇治王家乗っ取りを正当化しているのである。磐之媛があれほどこの結婚を嫌ったのも、そこに夫、仁徳の不純な動機をみたからというのは想像にすぎるであろうか。

ただし『日本書紀』などは、王族間の内紛の原因を皇女の婚姻と絡めて物語ることがしばしばあるのが気にかかる。これらについては、のちに仁徳没後の皇位継承争いを考えるときに触れるが、仁徳死後の履中即位に先立つ住吉仲皇子《すみのえなかのおうじ》の乱、安康による大草香皇子《おおくさかのみこ》の誅殺など、みな求婚に際してのトラブルが原因として語られている。

したがって、物語には粉飾があって、本質はストレートに仁徳と隼別との対立だったとみることもできよう。あまり深読みはいけないが、仁徳の政権掌握に不満を持ち、異議を唱える勢力が王族内にも少なくはなかったということであろう。

なお、八田皇女と仁徳との間には子供はなかったらしい。仁徳の死後、彼女がどうなったかも分からない。『日本書紀』には新たな天皇が即位した場合、前天皇の皇后を皇太后と尊称したという記事が書かれるが、仁徳のあとの履中にはそれがない。後世の制度を踏まえた潤色記事だから、深く考える必要はないかもしれないが、仁徳のあとを継いで王位に就いたのが、みな磐之媛の子供だったこともあいまって八田皇女のその後の境遇を示唆していると言えなくもない気もする。

2　難波遷都と河内の開発

仁徳紀の構成

これまでは記紀が伝える仁徳天皇の宮廷とそれにまつわるスキャンダルについて述べてきたが、もちろん仁徳天皇についての記事はそれらばかりではない。しかし、彼の時代を考えるにはそれまでとは違った困難が伴うのである。

たとえば『日本書紀』の仁徳紀の構成は大略、以下のようである。

即位前紀　応神没後の皇位継承争い
四～十年　課役免除伝説
十一年　難波堀江、茨田堤の造営
十二年　高麗使の来朝
十二～十四年　各種開発
十六年　桑田玖賀媛
十七年　新羅の朝貢
二十二～三十七年　八田皇女と磐之媛皇后
三十八年　菟餓野の鹿

四十年　隼別皇子の反乱
四十一年　紀角宿祢の百済派遣
四十三年　依網屯倉の鷹
五十年　茨田堤《まんだのつつみ》の鴈
五十三年　上毛野田道《たじま》の新羅遠征
五十五年　蝦夷の反乱
五十八年　連理のくぬぎ
五十八年　呉、高麗の朝貢
六十年　白鳥陵の陵守
六十二年　遠江の巨木
六十二年　闘鶏《つげ》の氷室《ひむろ》
六十五年　飛騨の宿儺
六十七年　陵地の占定
六十七年　備中国川嶋河の大蛇
是を以て、政令流行して、天下大きに平らかなり。二十余年ありて事無し。
八十七年　崩御

これを見てまず気がつくのが、その前の神功紀と応神紀とは違って、百済との外交で年代の分かるような記事が一切ないことである。たしかに朝鮮半島に関する記事は存在するが、みな伝説的色彩の濃いもので、氏族伝承として伝わったとみられている。

それだけ信憑性には問題があるものだが、すべてを創作として退けてしまったら、この時代を考察することができなくなる。

このような傾向は、再び百済との外交記事が現れる雄略紀まで続くが、その間に『日本書紀』は干支二巡、百二十年の紀年延長を行っている。思うに、この間に外交記事が欠けているのは、この紀年延長の作業と無関係ではないであろう。

つまり『日本書紀』の仁徳天皇に関する記事は、天皇の治世にかけて伝承されたものがほとんどで、その年次を決定することはできないものばかりなのである。そこでこの時代を考えるには、どうしてもおおよそのことに収まってしまう。その点では『日本書紀』の記述も、天皇ごとに古伝承を集成した『古事記』の記述と大差がないというわけである。

したがって『日本書紀』といっても、仁徳紀以降、朝鮮関係の外交記事が多くを占める継体紀ぐらいまでは、編年してあるとはいっても『古事記』と同じように各天皇の治世ごとの伝承だと考えて接しなくてはならず、基本的に記事の前後関係も疑問とすべきなのである。そのような史料環境で時系列に政治史を語るのは至難であることは容易に分かる。以下の本書の記述もそのような限界のあるものなのである。

なお、このような治世ごとの伝えなので、そこに混乱が生じることがある。たとえば似たような記事が天皇を換えて伝えられていることがある。本書の範囲でいえば、枯野という船の物語がある。

いずれも同じ歌謡が絡んでいる話で、その歌とは次のようである。

枯野を　塩に焼き　しが余り　琴に作り　かく弾くや　由良の門を　門中の海石　に　触れ立つ
なづの木の　さやさや

なづの木とは水に浸かった木で海藻を言うそうだが、歌の意味は、枯野を塩焼の燃料として使い、その残りで琴を作って、それを弾いたら、由良の海峡の岩礁に、波に揺られて立つなづの木のようにさやさやと鳴るというような意味である。それを『古事記』は仁徳天皇の時代に、巨木をつかって船を作って、淡路島航路に使用していたが、壊れたので塩を焼く燃料としたという、割に単純な話として載っている。

一方『日本書紀』では、応神三十一年八月条に、伊豆から貢上された官船の枯野が老朽化したので、これを薪にして五百籠の塩を得た。その塩を諸国に賜って船を作らせたとあって、進水式に用いる塩として分配したと解されているが、どうであろうか。ともかく五百隻の船が武庫の水門に集まったが、新羅の使節が泊まっていた宿舎からの失火で多くが焼けてしまい、新羅王がその謝罪に猪名部の技術者を送ってきたという話に発展している。これは枯野の伝説と武庫の火災と猪名部のルーツの伝承が一緒になったものであろう。史実としては、武庫に外交施設が設けられていたらしいこととか、応神朝に猪名部の祖先が新羅から渡来したというのが重要で、枯野の話はいつのことか、はたまた事実かどうかも確かめられないのである。

おそらく船の廃材で塩を焼くのは一般的に行われており、それにまつわる歌謡や伝説も天皇を特定せずに伝えられていたが、一方は仁徳天皇、他方は応神天皇の頃の出来事と結び付けられて伝わったのであろう。したがって、ともに同じような伝えがあるからといって、両者が同一人物などとは言ってしまえないのである。

部民設定と土木工事

さて、『古事記』には、仁徳天皇をめぐる宮廷伝承以外に、内治関係として、次の記事を載せている。

この天皇の御世に、大后石之日売命の御名代として葛城部を定め、また太子伊邪本和気命の御名代として壬生部を定め、また水歯別命の御名代として蝮《たぢひ》部を定め、また大日下王の御名代とした大日下部を定め、若日下部王《わかくさべのみこ》の御名代として若日下部を定めたまひき。また秦人を役ちて茨田堤また茨田三宅を作り、また丸邇池、依網池を作り、また難波の堀江を掘りて海に通はし、また小椅江を掘り、また墨江の津を定めたまひき。

これらは大別すれば、御名代といわれる部民の設定と土木工事にまとめられるが、これが仁徳天皇の顕著な事績と考えられていたのであろう。このうち部民については、王宮に出仕して王族に奉仕するトモといわれる人々とそれを支える貢納集団の部民からなる制度で、『日本書紀』にも、七年に壬生部と葛城部を定めたとみえる。伊邪本和気（イザホワケ）は後の履中天皇、水歯別（ミズハワケ）は反正天皇でともに磐之媛を母とする。大日下王は日向の髪長媛が産んだ子供である。また、『古事記』には別の個所には八田若郎女のために八田部を定めたという記載もある。これらはみな、自らの后と子供たちに関するもので、総じて仁徳一族の経営基盤を強化した面が否めない。

次に土木事業については、『古事記』の伝える諸事業は、(a)茨田堤と茨田三宅、(b)丸邇池、(c)依網の池、(d)難波の堀江、(e)小椅の江、(f)墨江の津の造営であるが、いずれも河内地方を舞台にしたものである。このうち墨江（住吉）の津については、仁徳朝以前から港として使用されているので、やや疑問が残るが、従来は武庫が瀬戸内海航路の港湾として重視されていたらしいので、改めて住吉の港を整備・充実させたのであろう。そしてそれ以外は『日本書紀』の記載ともおおむね対応している。

まず難波堀江の造営(d)は十一年冬十月条に、「宮北の郊原を掘りて、南水をひきて以て西海に入る。因て以て、其水を号して堀江と曰う」とある。この事業は同年四月甲午条に、

群臣に詔して曰く「今、朕、是の國を視るに、郊澤、曠遠にして、しかも田圃、少く乏し。且つ河水、横逝して、以て、流末、駃からず。聊も霖雨に遭えば、海潮逆上して、巷里、船に乗り、道

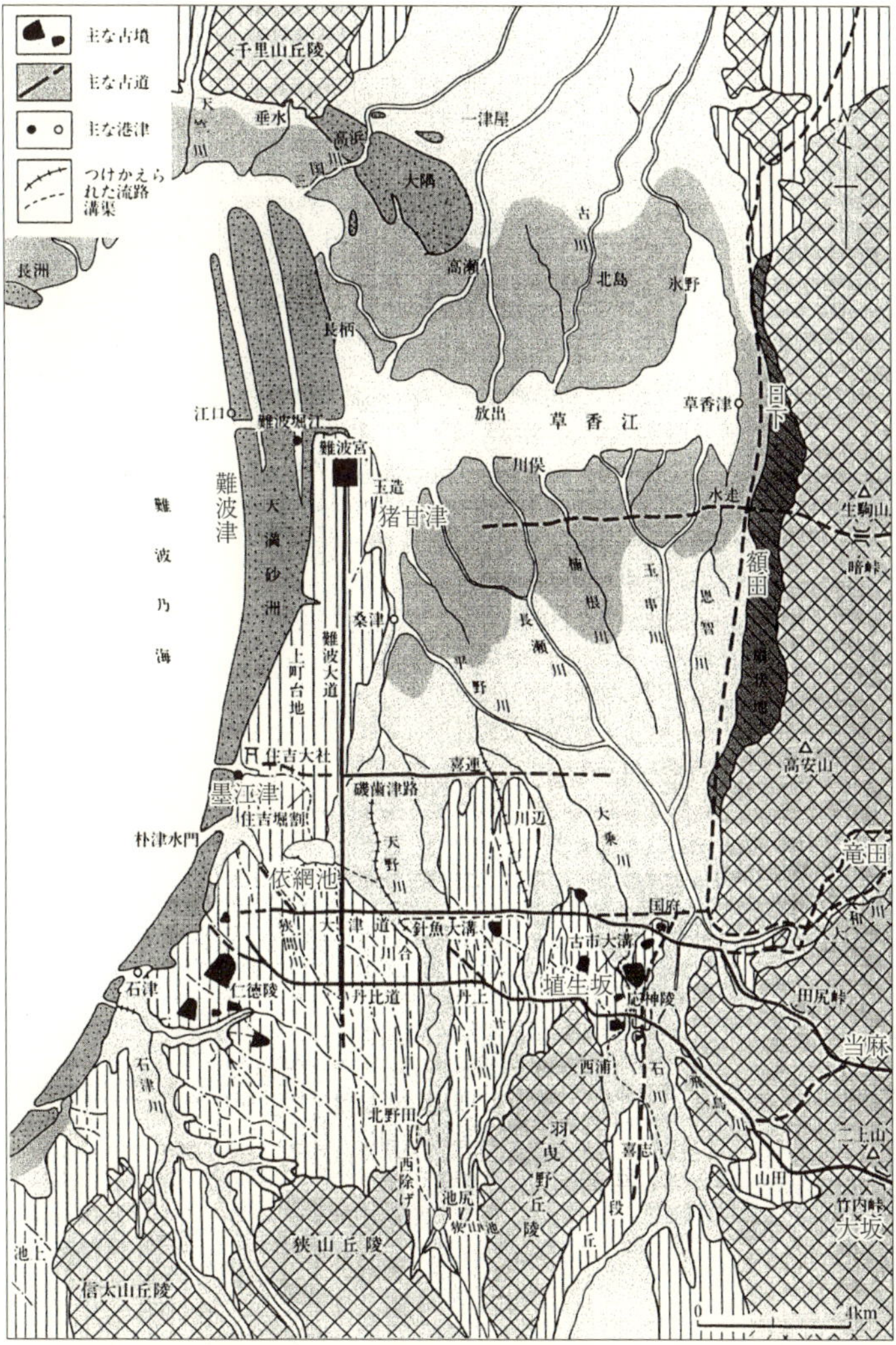

古代大坂関係地図（日下雅義『地形からみた歴史』より作成）

路また泥す。故に群臣、共に視て、横しまなる源を決して、海に通ぜしめ、逆流を塞ぎて、以て田宅を全たからしめよ」

と。

とあるように、河内湖の水を大阪湾に流して宅地や耕地を安定させる目的があった。この詔によれば、そのころ湿地帯が広がって耕地が少なく、川の水が長雨にあえば海の潮が逆流して周囲を水没させていたという。それを防ぐために、海に水路を開いて、逆流をとどめようとしたのである。そのために掘削された堀江が、現在の大阪市を流れる大川であることは定説といってよいだろう。

大川（旧淀川）（大阪市中央区，天満橋付近）

茨田の堤

また茨田堤ⓐは十一年十月条に「将に北河の澇を防がんとして、以て茨田堤を築く」とみえ、北河つまり淀川の氾濫を防ぐために、川の南に堤防を築くという治水事業である。これはなかなかの難工事で、『日本書紀』には人身御供の伝説が語られている。

是の時　両処の、築かば乃ち壊れて、塞ぎがたきあり。時に天皇、夢みるに、神あり誨て曰く

「武蔵の人強頸《こわくび》、河内の人茨田連衫子《ころもこ》の二人を以て、河伯を祭らば、必ず塞ぐことを獲ん」と。則ち二人を覓ぎて得つ。因て以て、河神に禱る。爰に強頸、泣き悲しみて、水に没して死す。乃ち其の堤成る。

唯、衫子、全き匏両箇を取りて、塞ぎがたき水に臨み、乃ち両箇の匏を取りて水中に投げ、請いて曰く「河神、崇りて吾を幣とせり。是以、今吾來れり。必ず我を得んと欲せば、是の匏を沈めて泛べしめざれ。則ち吾、真の神と知りて、親ら水中に入らん。若し匏を沈めるをえずば、自ら僞神と知らん。何ぞ徒に吾身を亡さん」と。是において、飄風忽ち起り、匏を引きて水に没す。匏、浪上に転びて沈まず。則ち瀚々と汎いて遠く流る。是を以て、衫子死なずといえども、其の堤また成る。是、衫子の幹に因りて、其の身、亡びざるのみ。故に時人、其両処を号して、強頸の断間・衫子の断間と曰う。

〔現代語訳〕

この時、築いても崩れて塞ぐことができない二つの個所があった。天皇の夢に神が現れて言うには、「武蔵の人強頸と河内の人茨田連衫子をつかって川の神を祭ったら塞ぐことができよう」という。そこで二人を探し出して川の神に祈ったら、武蔵の強頸は泣く泣く水に入って死んでしまい、そこでその堤防は完成した。衫子は二個のヒョウタンを持ってきて水中に投げ入れて、「川の神が俺を人身御供にしたというので、ここに来たが、俺がほしければこのヒョウタンを沈めて浮かばないようにしてみろ。そうしたら、本当の神だから水中に入ろう。もし沈められなかったら、偽物の神だ。どうして死ぬことがあるか」と言い放った。その時、つむじ風が起こって、ヒョウタンを水中に沈めようとしたが、ヒョウタンは波の上を回転して沈まない。やがて遠くに流れ去ってしまった。そういうことで衫子は死ななくて済んだが、その堤防もまた完成した。これは衫子の勇気でその身を滅ぼさなかったのだ。そこで時の人はその二カ所を強頸、衫子の絶間といったという。

この伝説がどれほど史実を伝えているかは問題だが、政権のおひざ元の河内のみならず、東国の武蔵からも労働力を徴発していたことは認めてよいと思われる。まさに全国的な動員である。

さらにまた、この時渡来人を使役したことは『古事記』に「秦人を役ちて茨田堤また茨田三宅を作る」とあることからうかがえるが、『日本書紀』に「是歳　新羅人、朝貢す。則ち是の役に労す」とみえるのは、いくらなんでも外交使節を労役に使うのはありえないから、なんらかの誤りだろう。むしろ秦の民を使役したという『古事記』の記事が正しいと思われる。

先に述べたように、応神朝に倭国に渡来した弓月君の率いる秦の民は当初葛城に居住させられ、葛城氏の管理下に置かれていた。秦の民が淀川治水と開発に投入されたのは、葛城氏が仁徳を支えていることの表れであると思われる。

さて、このように堤防を作って安定した地域に直轄領である屯倉が設置された。現在の守口市・寝屋川市・枚方市にまたがって存在したと思われる茨田屯倉(a)である。『日本書紀』の十三年秋九月条に「始て茨田屯倉を立つ。因て春米部《つしきねべ》を定む」とあるのがそれである。春米部は茨田で収穫された米穀を精米する役割を担ったのであろう。

河内の開発

また、和珥池(b)については十三年冬十月条に「和珥池を造る」とみえ、現在の大阪市鶴橋付近の小橋《おばせ》については、『古事記』では江つまり水路を作ったように記すが、『日本書紀』は十四年十一月条に「猪甘津に橋をつくる。即ち其の處を号けて小橋と曰う」とあって橋の

堤根神社（大阪府門真市宮野町）

伝茨田堤（堤根神社境内）

造営としている。猪甘津は現在の大阪市の猪飼野のあたりで、上町台地の東岸の河内湖に面した場所であって、河内湖の水運に利用された港湾施設であったと思われ、あわせて旧大和川を通って河内湖に搬入される河内南部の物資の集積地でもあったろう。小椅江は、それらの物資をさらに難波宮近くまで、舟で運び込むための水路であったと思われる。なお、小橋がどこに架けられたか、詳しくは分からないが、小椅江か、この付近に流入していた旧大和川（のちの猫間川か）に架けられていた可能性が高い。ただ、もし後者ならすでに猪飼野あたりは旧大和川の河口だったことになり、歴史地図などで描かれているよりも陸地化が進んでいたことになる。

それ以外に『日本書紀』は横野堤（十三年十月是月条）や「南門より直ちに指して丹比邑に至る」京中の大道（十四年是歳条）の造営を記す。横野の堤防は旧大和川の治水であろう。総じて難波を中心とした河内地方の開発とみてよい。

また南河内の開発を示すのが感玖《こむく》の大溝である。十四年条に、

又、大溝を感玖に掘る。乃ち石河の水を引きて、上鈴鹿・下鈴鹿・上豊浦・下豊浦の四処の郊原を潤す。以て、墾りて四万余頃の田を得たり。故、其処の百姓、寛に饒いて、凶年の患無し。

とあって、大溝を感玖に掘り、石川の水を引いて上鈴鹿・下鈴鹿・上豊浦・下豊浦の四処の郊原を灌漑して、四万頃ばかりの田を開墾したので、そこの百姓は豊かになって凶作のわずらいがなくなった

という。

つまり、石川流域、現在の河内飛鳥あたりの耕地開発を行っているのである。これらの耕地は屯倉や屯田とは記されないが、事実上仁徳の朝廷の直轄領に組み込まれたのであろう。石川は大和川に合流し、この地の収穫物は大和川を通って河内湖から先程みた猪甘津から小椅江を通って難波宮の南方へと運び込まれたと思われる。

さらに、『日本書紀』は伝えないが、淀川北岸ののちの摂津地域でも、この時代に開発が進められたらしい。『伊予国風土記』の逸文によれば、伊予の御嶋（三島）の神は、難波高津宮御宇天皇つまり仁徳の時代に顕れた神で、百済から渡来してきて「津の国の御嶋」に坐したという。これは、仁徳朝に百済からの渡来人を摂津の三島地方に住まわせたということであろう。先にみた茨田での秦人の使役とともに、仁徳の朝廷が渡来人の技術を活用している様がうかがえる。

このような河内の集中的な開発は、仁徳天皇が難波に王宮を構えたことと無関係ではありえない。すでに第一章で述べたように、仁徳天皇は、皇子時代から難波に宮を構え、おそらくは大阪湾沿岸の港湾施設を管理する任に当たっていたと思われる。すでに難波は仁徳の勢力基盤だったのである。仁徳が、それまで王宮が営まれていた大和ではなく、自らの拠点を都としたのは、その即位事情にややダーティーなところがあり、王族や豪族層から必ずしも十分なコンセンサスを得られてはいなかったかもしれないこととも関わっているだろう。そのこともあって、彼は自らの一族のために名代を設定し、あわせて根拠地難波の周辺地帯である河内の開発に邁進したのではなかろうか。

ヤマト政権にとっての河内

では、河内地域とは、そもそもヤマト政権にとっていかなる意味をもった地域であったのか。

もともと神武東征以前、河内地方に勢力を張っていたのは、ニギハヤヒノミコトを祭る一族、のちの物部《もののべ》氏であった。当初その勢力は九州から新たに東進して来た神武一行を生駒西麓で破るが、やがて神武らが奈良盆地を掌握したと知るや内部分裂を起こし、恭順派が抗戦派を倒して神武に帰順したと考えられる。したがって、河内地方はそのまま物部氏が支配する地域であったと思われ、事実、敏《び》達《だつ》五年（五七六）の、敏達天皇の後継者をめぐる争いに端を発した物部氏の滅亡事件に際して、守屋《もりや》が河内の渋川で蘇我馬子率いる連合軍を迎え撃っているように、河内はその後もずっと物部氏の根拠地であり続けた。しかし、物部氏はその後中央政府の要職を務めることもあってか、河内地域の国造や県主には任じられておらず、河内の国造は凡河内氏だと考えられている。

さらに河内にも県が設置されていた。吉田晶氏によれば、広義の河内、のちの摂河泉には、三島県、志紀県、三野県、紺口県、茅渟《ちぬ》県の六つの県が確認されるという（「県および県主」）。

県は前節でみたように、ヤマト政権に帰順した在地の勢力が県主（吾が田の主）として支配を認められた土地で、彼らはその地から朝廷に種々の物品を貢納していた。ただ、いったんこのような形態が定着すると、県はたんに朝廷に資財を貢納する機構として把握されるようになることは見やすい道理である。そこで朝廷は、先住勢力とは関わりなく、朝廷への物品確保のために新たに県を設定することとなったらしい。このように、県には新旧二つのタイプが想定されるが、それが顕著に表れているのが、河内での事例なのである。

河内の県についてその県主と思われる氏族の由緒を『新撰姓氏録』によってみてみると、王族出身とそうでない者の二つのタイプがあることに気づく。前者は、神武天皇の皇子、神八井命の後裔という志紀、紺口の県主と崇神天皇の皇子、豊城入彦の三世の孫、御諸別の後裔という珍（茅渟）県主である。このうち紺口とは大溝を掘った感玖のことで、これらは先住氏族とは言いがたく、新しいタイプの県を司った県主と思われる。

それに対して、古いタイプに属するとみられるのが三島と三野の県である。まず淀川北岸の三島県については、県主が文献に現れるのは、『日本書紀』安閑元年閏十二月壬午条の「県主飯粒」が最初だが、三島県主の奥津城と思われる奈佐原古墳群が、すでに古墳時代前期から造営されている状況からみて、古くから三島を支配していたとみてよい。このことは、その出自からもうかがえ、『先代旧事本紀《せんだいくじほんぎ》』では天神玉命を祖とすると伝え、『新撰姓氏録』ではその後裔の三島宿禰について「神魂命十六世孫　建日穂生命之後」とみえる。ここにみえる天神玉命と神魂命は、おそらく同一の神であろう。

次に三野県主は、『新撰姓氏録』には「角凝魂命四世孫、天湯川田奈命」の後裔とされるが、角凝魂命は神魂命の子神で、三野県主と三島県主は、もとをただせば同根ということになる。ここに出てくる天湯川田奈命は、垂仁天皇の時代に皇子のホムツワケのために鳥を追いかけた人物とされている。この伝承が正しければ、三野県主の祖は垂仁天皇と同時代の人であって、三野県も、垂仁朝の頃に設定されていた可能性が高い。

ヤマト政権は河内にどのように進出したのだろうか。第八代孝元天皇の后に河内の青玉繋の娘、埴安媛がいた。いかなる豪族かはよく分からないが、ヤマト政権が河内の勢力と婚姻関係にあったことが分かる。この結婚で生まれたのが、崇神天皇の時代に反乱を起こした武埴安彦であって、大和に外から攻めこもうとしているから、あるいは河内に根拠を有していたのかもしれない。

淀川以南ののちの河内・和泉地方の支配にとって垂仁天皇の頃が重要な画期になっているように思われる。その時代に垂仁の皇子のイニシキノミコトが遣わされたり、三野県が設定されたりしたのである。もともと河内に本拠を置くのちの物部氏は、崇神天皇の時代に神祭りの品物を制作する仕事についていて、ヤマト政権内で役割分担をはたすようになっている。さらに、垂仁天皇の時代になると、石上神宮の神宝を司るようになり、その縁で物部を統率するようになる。私は、河内地方が物部氏に任される状態から新しい統治方法に改まるのは、そのような背景があるように思う。

難波の重要性が増す

その統治方法がさらに応神朝に変化するように思われる。この時期、ヤマト政権は難波にオオサザキ、生駒山西麓に額田大中皇子を配している。つまり王族の直接統治という方法を強く打ち出しているのである。さらに注目すべきなのが、ウジノワキイラツコである。ウジとはおそらく山背の宇治であろうが、摂津の兵庫今の神戸市にも宇治の地名があり、さらに彼の妹は八田皇女であってこれはちょうど宇治の地名がある摂津の地域名なのである。ここからすでに述べたように、ウジノワキイラツコが摂津に所領などを有していたことがうかがえる。こうとすれば、応神天皇の朝廷は大阪湾と河内湖の周りに王族を配置する政策をとっていたことがいっそうはっきりとするだろう。

これはおそらく、すでに指摘したように、神功皇后の時代になって朝鮮半島との交渉が本格化して、瀬戸内海航路の重要性が増大したからと思われる。それ以前、ヤマト政権が北部九州を掌握するまでは、最も重要な航路は日本海ルートであり、その港は敦賀であった。そのため景行天皇はおそらく晩年に王宮を纏向から滋賀の高穴穂に遷してさえいる。この時期のメインルートは、磐余、纏向の王都からいわゆる山の辺の道を通って平城山を越え、宇治川を渡って近江に出て、湖西を敦賀に向かう道であったと思われる。いわば南北の軸が重要視されたのである。

それが、応神朝になって、瀬戸内海航路とその終点である難波、さらにその周辺の河内地方の重要性が急浮上したのである。交通ルートもそれに連れて、磐余から奈良盆地を西に進んで、河内に至る道が重要視されるようになった。応神天皇の軽宮は、まさに奈良盆地を河内に向かうルート上に設けられているのは偶然ではないのである。そして、大王墓をはじめとする巨大古墳の造営場所が、奈良盆地北部の佐紀地域から河内の古市に移るのも、この南北軸から東西軸への重要度の変化に即応したものと考えれば合点がいくであろう。そしてその場所が、神功皇后の政権奪取を支え、応神の後見人的立場にあったと推定されるホムタマワカの根拠地だったとすればなおさらである。

だが、かといってヤマト政権の首脳部が王宮まで河内に移動させようと思っていたかは疑問であって、すでにみたように、応神の後継者は大山守であって彼は大和に居たと思われることからも、王宮はあくまで奈良盆地の南東部に置かれるべきだと考えられていたのではなかろうか。それが、オオサザキの即位によって、一挙に河内が王宮の所在地として浮上してきたのである。そのことが、これまでみてきた仁徳による河内地域の積極的開発の背景にある事情ではないかと思われる。

皇子たちの配置

このような仁徳の河内地方重視の方針は、彼の皇子の配置にも表れている。仁徳には磐之媛との間にイザホワケ、スミノエノナカツミコ、ミズハワケ、アサヅマワクゴの四人、髪長媛との間にオオクサカ、ハタビ皇女の子供たちがいた。このうち地名が名前に含まれるのは住吉仲皇子、雄朝津間稚子《おあさづまわくご》、大草香の三人だが、このうち住吉仲皇子の住吉はもちろん大阪湾沿岸の港湾地域である。また大草香のクサカは生駒山西麓の日下のことで、一時大王位に野心を示した仁徳の兄弟、額田大中皇子が居たと思われる額田の北に隣接する場所である。

また、ミズハワケはのちの反正天皇だが、多治比（丹治）の柴垣宮を王宮としていることからみて、皇子時代から多治比に居住していたと考えられる。この場所は、仁徳十四年是歳条に難波宮と思われる南門から直進して丹比邑に至る大道を造営したと出てくるところで、現在の羽曳野市、松原市に当たる。

なお、イザホワケは『古事記』に大江之伊耶本和気とあり、この大江は難波の堀江を指すと考えられている。実際、彼は仁徳の死後、『古事記』によれば難波宮に居たところを弟の住吉仲皇子に襲われており、難波に居住していたことは確かであろう。これはイザホワケが仁徳の後継者の地位にいたことを示している。このように、仁徳の朝廷はそれぞれの皇子を難波を中心とした諸地域に配していたが、これは先にみた河内の直轄領設定とあいまって、この地域を王権の権力基盤にしようという企図を鮮明に示しているといえよう。

また現在の神戸市に八田部郡、その中に宇治郷があることからみて、兵庫周辺はウジノワキイラツコの所領であった可能性が高い。難波を中心とする地域を自勢力で固めたい仁徳にすれば、ぜひとも所有すべき地域であった。彼が宇治王家の娘との婚姻に熱心になるのにこのような背景があったことはすでに述べておいた。もともと宇治王家と関係が深いこの地域の人々を、八田部に編成したとみられる。

さらに、仁徳天皇が行ったのはそのお膝下の河内の開発ばかりではなかった。たとえば、山背・栗《くり》隈《くま》県に大溝を造営している。『日本書紀』の十二年十月条に「山背・栗隈県に大溝を掘り、以て田を潤す。是以、其の百姓、毎に年、豊なり」とみえる。

栗隈とは、現在の城陽市のあたりで、巨椋池の南、宇治川と木津川に挟まれた地域である。宇治川を北に渡れば宇治の地に達する。淀川の水運によって難波と結ばれる位置にあり、仁徳の開発が最終的には難波につながっていることがうかがえる。

なお、この大溝については、五世紀前半の久津川車塚《くつかわくるまづか》古墳の近くに流れる大谷川をそれにあてる説もある（『京都府の歴史』吉川真司氏執筆分）。

このように、仁徳天皇の時代に行われた開発は、みな彼の王宮所在地である難波に結びついているのであって、相互に関連性をもつ総合プロジェクトのようなものだったと思われる。

闘鶏野神社（大阪府高槻市氷室町）

闘鶏の氷室

　このようにみてくると気になるのが、『日本書紀』仁徳六十二年是歳条にみえる闘鶏《つげ》の氷室《ひむろ》の発見である。先に応神死後の王位継承の紛争で、大倭の屯田に絡んで王位を望んだ額田大中彦が、闘鶏に狩に行ったときに氷室を見つけ、当地の稲置《いなぎ》、大山主《おおやまぬし》からその用途を教えられて、氷を御所に献上したという。ふつう、この記事は大和の闘鶏、現在の奈良県都祁の氷室の起源を語ったものとされている。実際、『延喜式』主水には、大和国山辺郡都介の氷室がみえ、長屋《ながや》王《おう》木簡にも表れる。

　しかし、これにはやや疑問がある。あまりあてにならないかもしれないが、大和の闘鶏はもともと国で国造が治めていたらしく、允恭天皇の時代に国造が稲置に落されたと『日本書紀』にみえる。したがって仁徳朝に稲置がいるのはやや不審なのである。もちろん、そこまで厳密に考える必要はなく、後世の知識による潤色で済ませられるのかもしれない。

　しかし、やはりこの氷室は、『大阪府の地名I』が指摘するように、闘鶏山や闘鶏野神社の存在から、現在の高槻市氷室に比定するべきであろう。ちなみに稲置は県に置かれたものだが、現在の高槻市と茨木市にまたがったかつての三島の地に県があったことは、継体紀に三島に県主がいたとみえることから明らかである。

ちなみに『日本書紀』では、氷室の用途を県主が皇子に答えているから、これは地元で行われていた生活の知恵であった。地域社会で行われていたものを、王権が接収したのである。

もし、仁徳紀にみえる氷室が三島にあったとすれば、これもまた淀川水系を利用した難波宮への物資搬入の一例となる。難波への物資供給体系を構築する一環であったとみれば、終始一貫するのである。

3　朝廷と国造

動員の規模

このように仁徳天皇の時代には、河内を中心とした大規模開発が進められたのであるが、このような中央の土木事業にはたくさんの人員が動員されていたことは想像に難くない。

その動員がかなり広範囲に行われたらしいことは、白鳥陵の陵戸の動員の伝承からうかがうことができよう。

『日本書紀』仁徳六十年十月条には、日本武尊の白鳥陵の陵戸を役丁に徴発したところ、陵守の目杵という者が白鹿になって逃げたので、天皇は陵戸をそのままにして土師連《はじのむらじ》の管理下に置いたという話がみえる。陵戸が土師氏の配下になった起源譚だが、一方では仁徳朝に大規模な労働力の徴発が行われたことが背景にある伝承だろう。

もちろん、労働力はこのような配置換えだけでまかなえるものではない。先に紹介した茨田堤の造営伝説にも武蔵の人が登場しているように、動員は全国的規模に及んだであろう。それは地方の国造を通じて行われたと思われる。ヤマト政権の軍事動員が国造によるものであったことはすでに指摘があるが、その体制は軍事のみならず平時の開発事業でも同様であったろう。さらに地方から中央へ出仕する制度も出来上がっていたらしいことは、吉備海部直《きびのあまべのあたい》の娘が朝廷に出仕していたというイワノヒメにまつわる伝説からもうかがうことができよう。

国造層の協力が不可欠

ということは、仁徳朝の大規模な土木事業は、国造層の協力なくしては、成し得なかったものと言えるのである。そしてそれは、強圧的なものではなかったらしい。具体的にいえば、仁徳天皇には、自らの地盤を固めはしたが、たとえば雄略天皇のように、中央や地方の豪族を抑圧するような政策はとられた形跡がない。単純にはいえないが、仁徳の政治は国造層に依存した面もあったのではないかと考えられるのである。

さらに、この時期、ヤマト政権は地方に技術を移植しようともしていたらしい。そのことは、渡来人とくに秦の民の扱いにみることができる。応神朝に弓月君に率いられ大挙して倭国にやってきた秦の民は、仁徳朝に諸国に分置して養蚕と絹織りに従事させたと、『新撰姓氏録』の「太秦公宿禰」の項にみえる。そこには、そのときに献上された糸・綿・絹・帛を天皇は服用したら、柔軟で温暖なことが肌膚《はだ》のようだったので、波多《はだ》公も姓を賜った伝説も載せている。
その結果、秦の民は弓月君の子孫が統率することもなくなったらしい。『日本書紀』雄略十五年条にはそのような状態を「秦の民を臣連等に分散ちて、各欲の隨に駆使らしむ。秦造に委にしめず」と記し、また『古語拾遺』も「秦氏分け散けて、他族に寄り隷きき」と述べている。先進技術をもつ秦の民を諸国に分け置くことで、地域の殖産興業を図ったのであろう。そして彼らはおそらく国造の支配下に置かれたのであろう。

国造層が配下に技術者集団を抱えていたことは、吉備の事例に明らかである。雄略天皇の死後、中央で起こった星川皇子《ほしかわのみこ》の乱に加担したとして、吉備の下道臣《しもつみちのおみ》がその山部を没収されたことが『日本書紀』清寧天皇即位前紀にみえるが、このことは、当時、下道氏が山部を所有していたことを示している。

さらに『古事記』には吉備海部直がみえる。これは吉備氏の配下か、朝廷が吉備に置いていた部民の統率者かどうか、評価が分かれると思うが、山部との対応でいえばやはり吉備氏のもとにあったとみた方がいいのではあるまいか。

このようにみれば、この時期にヤマト政権がとっていたのは、国造にある程度の独立性を与えて地方を統治していくという政策である。ただし、私は国造の多くは王族などヤマト政権と密接な関係をもつ人々が地方に土着して地方統治に当たったと考えているので、ヤマト政権のこの政策は現実性のあるものだったと思う。吉備氏もまたその一例で、もともとは四道将軍として吉備地方に派遣された吉備津彦の子孫で、王族の末裔なのである。

このように、仁徳天皇は地方統治の主体を国造に置き、国造に技術的援助を行って、そのうえで彼らに朝廷を助力させるという体制をとっていたと思われるが、それを過大に評価して、たとえば、国造が独自に外交を展開したなどと、この時期、地方豪族が地域国家のようなものを形成していたと考えるのはゆきすぎだと思う。彼らはあくまで中央の大王から国造として認められたことに、その権力の源があったのである。

この問題は国造制の成立をどの時期にみるかということと関係してくる。はなはだしいものでは、六世紀の九州での磐井の乱鎮定を契機にして国造制が施行されたとみる見解もあり、そうすればそれまでの地方豪族はその地の首長だったということにもなるのである。

しかし、記紀は揃って国造制の成立を成務天皇、つまり四世紀前半の時期だったと述べているのであって、私はこの伝えを無視するわけにはいかない。磐井の乱を契機として進められたのは、国造制の施行ではなく、国造の支配地に朝廷の直轄領を設置していく屯倉制の推進であって、国造を通じた列島支配の方式から、主要部は中央の朝廷が直接掌握するという方式がヤマト政権の政策となったのである。これは技術者集団を朝廷が伴造を通じて直接把握しようとしたことと関連する政策だが、それについては仁徳没後の情勢のなかで少し触れたい。

一進一退の東北経営

最後にこの時期の東北経営について述べておこう。注目したいのが、『日本書紀』仁徳五十五年の記事である。

それによると、蝦夷《えみし》が叛乱を起こしたので、田道《たじま》を遣わしたという。田道は上毛野氏の祖、竹葉瀬《たかはせ》の弟で、新羅と戦って勝利したという人物だが（仁徳五十三年条）、今度は蝦夷に敗れて伊峙水門《いしのみと》という場所で死んでしまう。従者が彼の妻に遺品の手纏つまりブレスレットを送り、彼女はそれを抱いて首をくくって自殺してしまって、人々の涙を誘った。その後、蝦夷がまた襲ってきた時、田道の墓を掘ったら、大蛇が出てきて蝦夷を食ってしまい、その毒で多くの蝦夷が死んでしまったという。

話はかなり伝説化しており、史実をさぐるのは難しいが、仁徳天皇の時代に蝦夷がヤマト政権を破るようなことがあったのかもしれない。さらに田道の墓の所在地は分からないが、もし地元で埋葬されたのなら、蝦夷が関東北部まで侵攻してきたことを示している可能性が出てくるようにも思える。

いずれにしても、ヤマト政権の東北経営も万事順調だったわけではなく、時にはかなり後退したこともあって、仁徳天皇の時代などそのような時期だったのではなかろうか。

4　朝鮮半島をめぐる外交課題

高句麗との冷戦状態

応神天皇の時代の外交は、朝鮮半島の百済や新羅に積極的に軍事的圧力をかけて神功皇后の時代にヤマト政権が獲得した利権を守ろうとして、ついには高句麗と武力衝突を起こして、敗北を喫するというものだったのはすでにみたところである。その後、高句麗から使節が送られてきたりして、応神の朝廷は高句麗と武力でことを構えるという方針を撤回し、高句麗で広開土王が没し、長寿王が即位するに及んで、高句麗を仲介とした中国・南朝の東晋王朝への使節派遣などが試みられた。仁徳天皇の時代になっても、高句麗との関係は、緊張をはらみつつ、国交断絶や戦争状態に入るようなものではなかった。いわば小康状態だったのである。
そのことを示すのが『日本書紀』仁徳十二年の次の記事である。

秋七月の辛未の朔癸酉に、高麗国、鉄の盾、鉄の的を貢る。
八月の庚子の朔己酉に、高麗の客を朝に饗へたまふ。是の日に、群臣及び百寮を集へて、高麗の献る所の鉄の盾、的を射しむ。諸の人、的を射通すこと得ず。唯的臣の祖盾人宿禰のみ、鉄的を射て通しつ。時に高麗の客等見て、其の射ることの勝巧れたるを畏りて、共に起ちて拝朝す。明日、盾人宿禰を美めて、名を賜ひて的戸田宿禰と曰ふ。

〔現代語訳〕
高句麗が鉄の盾と的を献上してきた。朝廷に高句麗の使節をもてなしたときに、群臣・百寮を集めて高句麗が献上してきた盾と的を矢で射させたが、だれも射通すことができなかった。ただ的臣の祖の盾人宿禰だけが的を射通すことができた。そこで高句麗の使節はその射術の優れているのに感動して立ち上がって天皇を拝した。あくる日、盾人を褒めて的戸田宿禰の名前を賜ったという。

これは単なる朝貢ではない。高句麗はいわば最新の防御設備を誇示しているのであって、倭国に対する軍事的デモンストレーションにほかならない。したがって、ここで倭国がこの防御を破れるだけの攻撃力を有していることを示すのはまさに虚々実々の外交上の駆け引きだったのである。

このように、倭国と高句麗とは外交関係はあるものの、一種の冷戦状態にあったのである。なお、高句麗は長寿王の十五年（四二七）に都をそれまでの丸都から平壌に遷して、南下の気配をみせるが、これに対して百済は新羅と協力して対抗姿勢を示し、高句麗と百済との境界線も四六九年頃までは大きな変化はなかったという（池内宏『日本上代史の一研究』）。少なくとも仁徳天皇の時代には、高句麗に対して強硬姿勢をとることはなかったのである。これが、この時期の倭国の対高句麗外交の基本的構図である。

新羅への強硬姿勢

次に新羅との関係については、いわゆる朝貢をめぐるトラブルが相変わらず発生している。『日本書紀』神功五年三月己酉条は、先に述べたように、実際は四一八年のことで、この時は応神の死後王位継承の内紛があった頃と思われるが、仁徳の即位後もそのような状態は続いていたらしい。

『日本書紀』仁徳十七年条には、次のような出来事が記されている。

新羅、朝貢らず。秋九月に、的臣の祖砥田宿禰、小泊瀬造の祖賢遺臣を遣して、貢の闕く事を問はしむ。是に、新羅人懼りて、乃ち貢献る。調絹一千四百六十匹、及び種々雑物、并せて八十艘。

新羅が朝貢してこなかったので、的臣の祖の砥田宿禰と小泊瀬造の祖の賢遺臣を遣わして、詰問させた。ここで新羅に遣わされた砥田宿禰は先の高句麗使節が持ってきた鉄的を射通した人物である。おそらく、軍事的圧力をかけたのであろう。ここに新羅は恐れて貢物を差し出し、それは絹一四六〇匹と種々の雑物で船八十艘に及んだという。

また仁徳五十三年条にも、新羅との間に軍事的衝突があったと記されている。

新羅、朝貢らず。夏五月に、上毛野君の祖竹葉瀬を遣して、其の闕貢を問はしめたまふ。是の道路の間に白鹿を獲つ。乃ち還りて天皇に献上ず。更に日を改めて行く。しばらくして、重ねて竹葉瀬の弟、田道を遣わし、則ち詔して曰く、「若し新羅、距がば、兵を挙げて撃て」と。仍ち精兵を授く。新羅、兵を起こして距ぐ。爰に新羅人、日々戦いを挑む。田道、塞を固めて出でず。時に新羅の軍卒一人、營の外に放でたること有り。則ち掠えて俘にす。因りて消息を問ふ。対へて曰す、「強力者有り。百衝と曰ふ。輕く捷くして猛く幹し。毎に軍の右の前鋒たり。故、伺ひて左を撃たば敗れなむ」と。時に新羅、左を空けて右に備ふ。是に、田道、精騎を連ねて其の左を撃つ。新羅の軍、潰れぬ。因りて兵を縦ちて乘みて、数百人を殺しつ。即ち四の邑の人民を虜へて、以て帰りぬ。

〔現代語訳〕

新羅が朝貢してこなかったので、上毛野君の祖の竹葉瀬を派遣して、そのわけを問わせた。竹葉瀬はその途中で白鹿を捕獲したので、天皇に献上し、さらに日を改めて新羅に向かった。効果がなかったのか、しばらくしてさらに竹葉瀬の弟の田道を遣わして「新羅が妨害したら兵を挙げて攻撃せよ」と命じて、精兵を授けた。新羅は兵を起こして防ぎ、毎日戦いを挑んできたが、田道は要塞を固めて出陣しなかった。

その時、新羅の軍卒の一人が軍営の外に出てきたので、とらえて捕虜とし、情報を聞いたら、「百衝というつわものがいて、いつでも右翼の前鋒だから、様子をうかがって左翼を攻撃したら破ることができよう」と答えた。その時、新羅は左翼を空けて右翼に備えていた。田道が精鋭の騎兵で左翼を攻撃したので、新羅軍は壊滅、兵を数百人を殺害し、四つの邑の人民を拉致して帰ったという。

このように、竹葉瀬の派遣は白鹿の獲得に終わったようだが、その弟の田道は兵を率いて渡海し、新羅と交戦したという。このときの戦いに相当すると思われるのが、『三国史記』訥祇麻立干十五年(四三一)四月の倭兵が東辺に侵入して明活城を囲んだという記事であろう。ここで注意すべきが、四邑の人民を拉致して帰国していることで、『日本書紀』が神功五年のこととする四一八年の遠征といい、今回といい、いわゆる渡来人のなかにはこのように捕虜として連れてこられた人々もあったのである。

これらの出来事の年代はよく分からないが、仁徳天皇の時代のこととして伝承されてきたのであろう。しかし、だからといって信用できないとして切り捨てるのも無謀だと私は考える。むしろ、仁徳天皇の実質十年あまりのその治世で少なくとも二度の衝突が伝承されていたのである。高い頻度というべきであろう。つまり、新羅に対しては、軍事力をちらつかせ、戦いも辞さないというかなり高圧的な態度をとっているのであって、これも前代の応神朝の政策を引き継いでいるといえよう。

百済との友好関係

ついで百済については、やや考証を必要とする伝えが残っている。『日本書紀』仁徳四十二年条に、次のような記事がある。

春三月に、紀角宿禰を百濟に遣はして、始めて国郡の彊場を分ちて、具に郷土所出を録す。是の時に、百濟の王の族、酒君、礼无し。是に由りて、紀角宿禰、百濟の王を訶ひ責む。時に百濟の王、悚りて、鉄の鎖を以て酒君を縛ひて、襲津彦に附けて進り上ぐ。爰に酒君來て、則ち石川錦織首許呂斯が家に逃げ匿る。則ち欺きて曰はく、「天皇、既に臣が罪を赦したまひつ。故、汝に寄けて活はむ。」久にありて天皇、遂に其の罪を赦したまふ。

これによれば、紀角を百済に派遣して国郡の「彊場」を分け、郷土の所出を記録させたが、その時に百済の王族である酒君が無礼だったので、角は百済王を責めた。そこで百済王は酒君を鉄鎖で縛って襲津彦につけてたてまつったが、酒君は倭に来て石川錦織首許呂斯の家に逃げ込んで、天皇は自分の罪を許してくれたと言った。やがて天皇は酒君を許したという。

この逸話からみるに、仁徳は、百済と事を荒立てようとはしなかったのである。その点では、応神朝の高圧的な態度は変更されていて、むしろ神功皇后の時代に近いと思われる。高圧的な態度をとって百済が反倭的態度をとったら、新羅と高句麗との関係からみて、朝鮮三国とみな敵対することとなるので、現実的な外交方針をとったのであろう。

つまり、仁徳の朝廷の外交方針は、百済との友好関係を維持しつつ、高句麗とは戦争を避け、もっぱら新羅に高圧的な態度をとって朝貢を行わせるということだったのである。

ここで、ヤマト政権が百済との友好を維持しようとしているのは、さらにいわゆる狭義の任那の問題が絡んでいるように思われる。この時、紀角は何のために百済に遣わされたのであろうか。百済国内の境界を分割するために派遣されたとは、いくらなんでも考えられないが、百済でそのことに当たっているので、国とは百済を指すとみていいであろう。では郡とはどこか。ヤマト政権にとって郡と呼ばれるような地域が朝鮮半島にあるとすれば、それは百済の南に位置して当時ヤマト政権の支配下にあった任那をおいてほかにはあるまい。

すでに論じたように、百済領だった朝鮮半島南西部をヤマト政権が支配下に治めたのは三九八年のことである。その一部は四〇五年に百済の阿花王が死去し、倭国に滞在していた直支王を百済に帰す時に返還されたが、残った土地を取り戻すことが以後の百済の懸案事項となったことは想像に難くない。倭国で政権交代があったのをきっかけに、領土問題の見直しが図られたのである。『日本書紀』にははっきりと記さないが、百済と倭国との間で様々な交渉がもたれたであろう。

そのような背景を考慮すれば、紀角の派遣は、百済との間で任那の領域の見直しをするのが目的であったとみるべきであろう。つまりは国境交渉である。とすれば、百済にとっては、とうぜん自国に都合のいいように境界を定めたいであろうし、倭国とすれば、支配地域を広く取りたいであろう。酒君の無礼な態度もそのようななかから生まれたのであると、私は推測するのである。

百済による失地回復の努力がどのようであったかは分からない点が多いが、いくぶん推測できなくもない。その一つが、中国・南斉からこの地域の支配を承認してもらうという方法である。末松保和によれば、百済は南斉に四九〇年と四九五年に使を遣し、「全羅北道の西北部」と「全羅南道の南部沿岸」を封地とする王侯名を自らの臣下に賜るよう願ったという。末松はそれを「これらの地域を新しく百済の領有として公認」してもらおうという底意によるとみているが、おそらく正しいであろう。つまり百済は、今でいう「国際社会」から失地回復の実を認めてもらおうとしていたのである。

なお、この任那の地を百済が最終的に回復するのは、それからさらに百年後の継体天皇の時代、五三二年のことであるが、このことは本書の課題を越えている。

中国南朝への遣使

さて、朝鮮半島の諸国をめぐる外交は、『日本書紀』の記述によるかぎり、前代の応神天皇晩年の方針を踏襲したものであったようだが、その一方で五世紀の倭国の外交を特徴づけているのは、仁徳天皇以降のいわゆる倭の五王の中国・南朝への遣使であろう。

高祖の永初《えいしょ》二年（四二一）、詔して曰く、「倭讃、万里貢を修む。遠誠宜しくすべく、除授を賜うべし」と。太祖の元嘉《げんか》二年（四二五）、讃、また司馬曹達《しばそうたつ》を遣わして表を奉り方物を献ず。

また「本紀」の元嘉七年（四三〇）の遣使も仁徳のものらしいことは第一章で述べた。結局、彼は前後三回、使節を送っていることになる。

ふつう、この外交は倭国の朝鮮諸国との関係で説明されることが多い。南下する高句麗に対抗するためである。しかし、この見解は朝鮮半島での権益を認めるような称号を要求している珍つまり反正天皇以降にはあてはまっても、讃つまり仁徳天皇にはあてはまらないように思われる。

では、倭王讃、つまり仁徳にとって、中国王朝との通交は、いかなる意義があったのか。その理由としてまず考えられるのは、即位事情が実際は簒奪に近いものであっただけに、支配の正統性を得るために、倭国王としての冊封を受けるのが目的だったのではないかということである。私は、先に履中天皇は中国に使者を派遣しておらず、倭の五王に含まれないのではないかと述べたが、もともと仁徳の後継者であった彼の場合は、中国王朝との交流で支配の正統性を保証してもらう必要がなかったのかもしれない。

ちなみに中国王朝との交渉については、『日本書紀』の仁徳五十八年五月条に「呉国・高麗国、並びに朝貢す」と、わずかな痕跡が記されているのみである。

5　陵墓選定と死去

陵墓造営の開始

仁徳天皇は生前に自らの陵墓の地を選定していたという。『日本書紀』によれば、六十七年の十月五日に石津原に行幸して陵地を定め、十八日に陵墓造営を始めたという。その時、鹿が野中から走り出てきて役民の中で倒れて死んだ。百舌鳥が耳から飛び去って、耳の中が百舌鳥に食われていたことが分かったので、その地を耳原《みのはら》というようになったという。

この伝説は、仁徳陵のある場所が、百舌鳥の耳原と呼ばれることを説明した物語にすぎないが、天皇の生前から陵墓の造営が行われていたことは認めてよいのかもしれない。ただ、この時期の大王はみな生前から陵墓を造営していたといえるかというと、そうでもない。たとえば仲哀天皇の場合は、カゴサカ王とオシクマ王がその山陵を造営するのを口実に兵を集めているので、死亡時には陵墓は造営されていなかったとせねばならない。

百舌鳥野はもともとは狩猟場であったらしく、『日本書紀』仁徳四十三年九月朔日条に、百舌鳥野で遊猟して、鷹を放って数十の雉を得たという記事がみえる。これは鷹甘部《たかかいべ》と鷹の飼育地である鷹甘邑の起源を語ったものだが、この時代に鷹狩が始まり、百舌鳥野がその狩猟場であったことは認めてよい。

仁徳天皇の時代までに、大王家あるいはヤマト政権の有力者が葬られる墓域としては、現在、古市古墳群と呼ばれている地域が設定されていたが、百舌鳥の地域ではおそらく乳岡《ちのおか》古墳はすで営まれていたが、巨大な前方後円墳はまだ造営されてはいなかったのであろう。それを仁徳は、新たに百舌鳥野にも大王家の墓域に設定したとみてよかろう。

その陵墓を『延喜式』諸陵寮には「百舌鳥耳原中陵」と記しており、現在、堺市の大仙古墳が仁徳天皇陵に指定されている。しかし、これについては近年疑問視されるようになってきて、履中天皇陵に比定されている古墳の方が先行するのではないかと言われている。もしそうなら、あの世界最大の

大仙古墳（仁徳天皇陵，百舌鳥耳原中陵）
（大阪府堺市堺区大仙町）

上石津ミサンザイ古墳（履中天皇陵，百舌鳥耳原南陵）
（堺市西区石津ヶ丘）

規模を誇る古墳は仁徳陵ではないことになるが、なにぶん陵墓なので十分な調査ができず、これからの推移を見守るしかないというのが現状である。

死去の記事

さて、仁徳が死去したのは四三二年頃だとは先に推定した。『日本書紀』は六十七年是歳条で、吉備での大虬退治の伝説を記したあと、やや唐突に次のように記している。

是に、天皇、夙に興き、夜（おそく）寐ねまして、賦を軽くし斂を薄くして、民萌を寛にし、徳を布き、恵を施して、困窮を振ふ。死を弔ひ、疾を問ひて、孤孀を養ひたまふ。是を以て、政令流行れて、天下大きに平なり。二十余年ありて事無し。

天皇は朝早くに起き、夜遅くに寝て政治に励み、租税を軽くし、民富を豊かにして、徳を敷き、恵みを施して、困窮している人々に施した。死者を弔い、病人を訪ねて、孤独な人々を養った。そういうことで、政令は行き届き、天下太平で、二十数年間何事もなかったという。まことに、今にいたるまで、為政者たるもの模範とすべきだが、もちろん事実かどうかは分からない。

そして『日本書紀』は、二十年後の八十七年正月十六日に天皇が崩御し、十月七日に百舌鳥野陵に葬ったと述べて、仁徳天皇紀を結んでいる。つまり事実上、陵墓造営をもって仁徳天皇の最後の事業だと述べているわけである。

第四章　仁徳天皇以後と聖帝伝説

1　熾烈な後継者争い

後継者・イザホワケ

仁徳天皇の後継者は、イザホワケであった。このことは、彼が父、仁徳のお膝元の難波にいたことから明らかである。履中の生年が四〇六、七年頃とすると、仁徳が亡くなったと思われる四三二年の時には二十五、六歳だったろう。

ただし、この時期に後世の皇太子のような地位があったとは考えられない。皇太子制の起源にはまだ確定的な説がないが、私は天智天皇が制定したという「不改常典」といわれる規範が皇太子による皇位継承を定めたものと考えているので（拙稿「不改常典と古代の皇位継承」）、七世紀後半すぎまでは、皇太子制はなかったことになる。そのことはそれ以前の、天皇死後の皇位継承をめぐる争いをみても明らかであろう。皇太子制が確立した後は、あからさまな皇位をめぐる争いはあまり行われなくなり、争いは皇太子の地位をめぐるものとなる。しばしば廃太子が行われるのもそのゆえなのである。

ただ、皇太子制が確立する以前に、そのいわば前身の制度として、大兄制というものがあったとする見解がある（井上光貞「古代の皇太子」など）。諸皇子のなかの最有力者に大兄の称が与えられたとみるのである。そして、イザホワケもオオエノイザホワケと呼ばれているのは、彼の地位を示していると言えないこともなさそうである。しかし、イザホワケの場合はオオエを大江と表記しているものがあって、これは難波の堀江を指しているとみるのが一般的である。それ以外の大兄の称が継体天皇以後にみられることも、この見解を支持している。したがって、大兄にそのような意味があるかないかにかかわらず、イザホワケは大兄ではなかったのである。

もちろん、イザホワケは難波に居住しており、それが大江を冠する理由でもあったのだが、それでも彼の後継者としての地位は確固たるものではなかった。その点では、彼は応神死後の大山守と同様の立場だったのである。

住吉仲皇子の策動

はたして、イザホワケに代わって皇位を狙う者が現れた。それが住吉仲皇子である。

『古事記』は、大嘗祭の宴会である豊明《とよのあかり》の時に、酒に酔って寝てしまったイザホワケを、墨江中王（住吉仲皇子）が殺そうとして大殿に火をつけたという。それを阿知直が救出して、馬に乗せて大和に向かったが、多治比野でイザホワケは目を覚まして、事態を知って、

丹比野に　寝むと知りせば　防壁も　持ちて来ましもの　寝むと知りせば
（多遅比野で寝るとわかっていたら、風よけも持ってきたのに、寝るとわかっていたら）

と歌った。そして波邇賦坂（埴生坂《はにゅうざか》）に至って難波宮が燃えているのを見て、

波邇布坂　吾が立ち見れば　かぎろひの　燃ゆる家群　妻が家のあたり
（埴生坂に立って見ると、もえる家々、あれが妻の家のあたりよ）

と歌い、さらに大坂の山口で、一人の女性から、ここは兵士が多く塞いでいるので当麻路《たいまじ》を越えよと教えられて、

大坂に　遇ふや　嬢子を　道問へば　直には告らず　当岐麻路を告る
（大坂で遇った少女に道聞けば、近道は告げず当麻への道を告げたよ）

と歌って、大和の石上神宮に入ったという。もちろん、そんな呑気なことを言っている場合ではないから、この事件に取材した歌物語である。このコースは難波から仁徳朝に造成された大道を取って多治比に出て、埴生坂を越えて大坂に出るもので、大坂越えを変更して当麻越で大和に入り、石上神宮

に至ったのである。

さて、そこに弟のミズハワケがやってくる。住吉仲皇子と同心かと疑うイザホワケは、それを否定するミズハワケに対して、それなら仲皇子を殺してこいという。難波に帰ったミズハワケは仲皇子の近習の隼人、ソバカリという者に、大臣にしてやろうと誘って仲皇子殺害を依頼、ソバカリは厠に入るのをうかがって仲皇子を刺殺してしまう。

ミズハワケはソバカリを連れて大坂の山口まで来て、ソバカリを大臣にする儀式を行って、顔が隠れるほどの大椀で酒を飲ませて、その隙に斬殺してしまう。『古事記』はミズハワケの心情として、功績があるが主君殺しは不義なので、功績に報いたうえで殺してしまおうと、ご都合主義なことを書いているが、これと似たようなことは戦国大名あたりでもやっていたように思うから、権力者の考えることは似たり寄ったりなのであろう。ともかく、弟を利用して、イザホワケは皇位に就くことができたわけである。

『日本書紀』の反乱伝承

一方『日本書紀』では、住吉仲皇子が兵を起こして太子つまりイザホワケの宮を囲んだとき、平群木菟と物部大前、阿知使主が異変を知らせたが太子が信じなかったので、馬に乗せて脱出したといい、一説として『古事記』のように酔っ払っていたという説を注記している。

その後、住吉仲皇子が宮に火をつけ、太子は埴生坂で難波が燃えているのを見て驚き、大坂から大和に向かおうとするが、飛鳥山の山口で少女に出会い、『古事記』同様、そこでの危険を知らされて、同じ歌を詠むが、なぜか当麻路をとらずに竜田山《たつたやま》を越えるのである。ただし、石上に向かうには竜田越えで直進する方が理にかなっている

以後の記述は『古事記』とはかなり異なってくる。まず、イザホワケは飛鳥山口で危険を察知したあと「当県」で従者を集めて、竜田山に向かう。そこで追ってきた安曇浜子が率いる淡路の野島の海人集団を捕獲する。つまり安曇氏は住吉仲皇子側に立っていたのである。さらにその東方とおぼしき場所の攪食《かきはみ》の栗林で倭直吾子籠《あごこ》が陣を張っているのを確認する。ちなみに栗林は文字どおり栗の林であって地名ではない。おそらく大坂を掌握していたのも吾子籠の一隊だったのであろう。つまり、倭直は住吉仲皇子に呼応して、大和と河内の通路を封鎖する挙に出ていたのであって、それと淡路島からの海人集団の参加を考えると、住吉仲皇子の反乱はかなり計画的なものだったことになる。

さて、イザホワケの軍が多数なのを見た吾子籠は、妹を差し出してイザホワケに降伏。石上に入ったイザホワケのもとに弟のミズハワケがやって来て、イザホワケが彼に仲皇子殺害を命じるのは『古事記』と同じだが、その時難波に帰るミズハワケに平群木菟が同行したこと、ミズハワケに殺人を教唆される隼人の名が刺領巾《さしひれ》ということ、隼人殺害は木菟の示唆によることなどが『古事記』とは異なっている。

さらに注目すべきが、『日本書紀』のみが記す乱の発端である。それによれば、即位前にイザホワケは羽田矢代宿禰の娘、黒媛を妃にしようとして、納采も終えたあと、住吉仲皇子を遣わして婚礼の日取りを決めようとしたが、使いに行った住吉仲皇子がイザホワケの名を騙って媛と関係をもってし

まい、その時寝室に忘れた鈴をイザホワケが見つけて事が露見、そこで仲皇子がイザホワケ殺害を決意して、その宮を包囲するというのである。

羽田矢代宿禰は武内宿禰の子供の一人で、すでに述べたように、百済で辰斯王が即位してヤマト政権に距離を置き始めたときに、同じく武内宿禰の子供である紀角宿禰、蘇我石川宿禰、平群木菟宿禰とともに百済に遣わされて、阿花王擁立を行った人物である。応神、仁徳朝の重臣といってよい。

ちなみに履中の后には玉田宿禰の娘の黒媛がいるので、ここで羽田矢代の娘が出てくるのは、なんらかの間違いの可能性もあるが、応神天皇の吉備の黒媛の例でも分かるように、クロヒメは当時よくある名前だったらしいので、同名がいても不思議ではない。ここは羽田矢代の娘と履中の后の玉田宿禰の娘は別人だと理解して論を進める。

事件の背景

さて、一見して分かると思われるが、この物語は、仁徳紀の隼別の物語と酷似している。その時にも述べたが、婚姻時のトラブルというのが、おそらく王族間の対立・抗争の原因を語る時によく採用されるスタイルだったのではなかろうか。したがって、このような痴情のもつれから両者の争いが起こったとするのは、この乱がかなり計画的だったと思われることからも、事実とは相違するといえよう。

ただ、この物語から推測をたくましくするのは危険が伴なうかもしれないが、あえていえば住吉仲皇子には羽田矢代が支援していたという構図は成り立つかもしれない。

とすれば、判明しているだけで、住吉仲皇子には大和を治める倭国造である倭直吾子籠、淡路島の海人集団を率いる安曇連浜子、葛城氏の同族である羽田矢代などがいたことになる。

そしてそれに対してイザホワケ側に付いていたのが、彼を難波から脱出させたという平群、物部、阿知使主らであったろう。また妻との関係から葛城氏もイザホワケを支持したように思えるが、その結婚が即位の前か後かはっきりしないのでなんともいえない。

注目されるのは、ここに平群がみえることである。平群と羽田はともに武内宿禰の子供だが、その間になんらかの対立があったことを示しているようである。この対立は仁徳の死で顕在化して、住吉仲皇子の乱に発展するが、おそらく仁徳在世中からきざしていたとみてよいだろう。

武内宿禰の子供たち

武内宿禰の子供たちのうち、紀、羽田、蘇我、平群の四人は、先に触れた三九二年の阿花王の擁立に関する記事にみえるのが最初だから、三九〇年頃、つまり神功が死去して、応神の新政権ができた頃から、政権の中枢を占めるようになったと考えてよかろう。葛城襲津彦が現れるのは、それから十年ほど遅れて四〇二年頃、弓月君の渡来に関して加羅に派遣された時であることはすでに述べた。

応神、仁徳朝でいかなる人々が政権を担当していたかは、史料が少なくてよく分からないが、武内宿禰の子供たちが、その中心であったことは間違いないと思われる。彼らの間で分担があったかは判然とはしないが、『日本書紀』のわずかな記事から推測すると、対朝鮮半島外交には主に紀、葛城が当たっていたように思われ、蘇我は後のことだが雄略期に蔵の管理に当たったという『古語拾遺』の記載からみて、財政を掌ったのではないだろうか。とすれば、内政については、消去法ではあるが、羽田、巨勢、平群が担当していたとみるべきかもしれない。なにぶん憶測に頼るところが多くて恐縮だが、応神、仁徳朝を通じて、政権中枢はそのような布陣であったと考えられるのである。

なお、武内宿禰がいつまで生きていたかははっきりとはしないが、『日本書紀』仁徳五十年三月丙申条に彼の長寿を讃える歌が載っているので、それを信じれば仁徳朝まで生存していたことになる。ただ、それでもかなり高齢であったろうから、事実上政界からは引退状態であったろう。

秦氏と葛城氏

『日本書紀』履中二年十月条に、平群木菟、蘇賀（蘇我）満智、物部伊莒弗《いこふ》、円《つぶらの》大使主《おおおみ》の四人が国事を執ったという。ここで羽田矢代が欠けているのは、住吉仲皇子の乱に絡んで没落したせいと思われる。もちろん矢代がすでに亡くなっていたなどの理由もあろうが、それ以降羽田氏が中央政界で活躍しないのは、やはりなんらかの理由があったとせねばなるまいと思う。

なお、往年の羽田氏の勢力を推測することとして、ここで注意したいのが、秦をハタと読むということである。弓月君に伴って渡来した秦の民が葛城の地に住まわされたことはすでにみた。秦をハタと呼ぶ理由についてはいろいろな説が唱えられているが、私は単純に彼らの居住地にちなんだ名前とみてよいと考える。羽田もおそらくは平群などとともに地名とみてよいから、秦の民は一時期、葛城の羽田の地にあって、羽田氏の配下にいたことがあるのではなかろうか。一案として提示しておきたい。

さてこの羽田氏に代わって葛城地域で覇権を確立したのが、襲津彦の子孫の葛城氏であろう。磐之媛との仲が破綻したあと、彼女の実家である葛城氏と仁徳との関係がどうなったかははっきりとはしない。ただ、履中天皇は明らかに葛城氏との結びつきを強めていることは確かである。それは、履中の后は葛城氏の葦田宿禰の娘、黒媛であることからも言えるし、先にみたように、円大使主（円大臣）が執政の一人であることでも分かる。

物部氏の台頭

そのこととともう一つ重要なのが、執政の一人に任じられているように、物部氏の台頭がみられることである。周知のように物部氏は、蘇我氏と並んでヤマト政権の中枢を占めるが、その氏族が政権に登場したのがこの時期なのである。

そもそも物部氏は神武天皇よりも前に河内地方に定住していた九州起源の一族であるが、奈良盆地に侵入して勢力を拡大してきたヤマト政権に恭順したと思われる。

物部氏の当初のヤマト政権下での役割は、『日本書紀』崇神七年に物部連の祖、伊香色雄を「神班物者」とし、さらに彼に「祭神之物」を作らせたという記事があるので、もっぱら祭祀に関わっていたらしいが、やがて石上の宝庫の管理を任されるようになった。石上の宝庫とは、ヤマト政権が周辺地域の豪族をその支配下にいれる際に接収した神宝などを主体とした宝物を保管している倉である。その顚末は『日本書紀』垂仁三十九年十月条にまとめて記されている。

それによれば、五十瓊敷命《いにしき》が茅渟の菟砥の川上宮で剣千口を作製し、それを石上神宮に納め、あわせて神宮の神宝の管理を任された。菟砥は宇土で、和泉の南端の岬町の地域である。そこには五十瓊敷命の陵墓とされている前方後円墳、宇土墓《うどはか》古墳をはじめとする淡輪《たんのわ》古墳群が分布している。

この剣については『日本書紀』の注記には太刀ともあって、はじめは忍坂邑に収めたがのちに石上神宮に移したという。そのとき神のお告げで、春日臣の一族の市河という者に治めさせた。それが物部首の始祖だという。これはおそらく、現場で神宝の管理に当たるのが市河で、そのうえで五十瓊敷命がいわば上司として神宮の責任者に任じられたのであろう。

ここで注目すべきなのが、市河が春日氏の一員でありながら物部首の始祖とされていることである。物部とは『日本書紀』に雄略天皇が物部を用いて反乱者を討伐したり、犯罪者を処刑したりしていることから分かるように、兵士や刑吏の仕事をする人々であった。市河はその物部を率いて神宝の警備に当たり、あわせて五十瓊敷命に仕えたのであろうと思われる。

やがて五十瓊敷命は神宝の管理を妹の大中姫に譲り、さらに姫は物部十千根大連《とおちねのおおむらじ》にその地位を授けたという。ここで物部氏が石上の神宝の管理を行うことになったのだが、そのとき現場の警備に当たる物部とその統率者の物部首も十千根の配下になったであろう。ニギハヤヒを始祖神とする氏族が、物部連と称されるようになったのは、このときに物部を配下にしたことによるのであろう。

ちなみに、物部を統率している物部首とその上司の物部連は同族ではない。前者は春日氏の一族であることが明らかだからである。この二つの氏族の関係はいわば仕事上の上下関係に過ぎないのである。

石上の宝庫

石上には神宝を納める宝庫があり、神庫などと呼ばれていた。これがいつ始まったかははっきりしないが、十千根が垂仁天皇の時代の人とされているので、王宮が纏向にあった頃には設置されていたとみてよかろう。そして、この時期以降、ヤマト政権は四方に支配地を広げていくが、その過程で被征服地の豪族から神宝を収奪していった。それらが次々に石上の庫に納入されていったのであろう。さらにおそらくは、百済などから贈られた貴重な文物もそこに納められたであろうことは、三七二年に百済から贈られた七支刀が石上神宮の神宝として伝えられてきたことからみてもうかがえよう。

ついでに述べると、七支刀とともに神宮に伝えられてきた鉄盾《てったて》は、あるいはすでに述べた高句麗から贈られた鉄楯である可能性もある。素人考えはあまり言わない方が無難かもしれないが、一応書き記しておきたい。

それはともかく、物部氏は垂仁ないし景行天皇の時代には石上の宝庫の管理を中心とした職掌でヤマト政権に仕えるようになっていたらしい。とうぜんそれは仁徳天皇の時代でも変わらなかったはずであるが、職掌柄、物部を配下に置いていたことが、物部氏に軍事氏族的色彩を与えることとなったと思われる。イザホワケが石上に逃げたのは物部氏の庇護を期待したことにほかならず、さらに言えばその武力を期待したのであろう。

物部氏が履中天皇の時代に執政官となったのは、住吉仲皇子の乱で物部氏がイザホワケの側についたことに起因するとみて間違いはあるまい。

なお、このとき難波が炎上しなかったら、履中は難波で即位し、仁徳天皇の時代に整備された難波を中心とした物資供給体制とともに、難波はながく日本の中心となったかもしれない。また住吉仲皇子が皇位に就いていたら、住吉が難波に代わって王都となって、現在の大阪の地はそれでも古代国家の中心になったかもしれない。だがそれはかなわなかった。イザホワケは磐余で即位し、そこを王宮としたからである。ちなみに、弟のミズハワケが多治比にいて、河内地方を治めたであろうと思われる。

石上神宮（奈良県天理市布留町）

鉄盾（石上神宮蔵）

2　仁徳以後の状況

履中の短い治世

履中は、次の反正天皇に相当する倭王珍が四三八年に宋に使いを送っているから、それより早くに亡くなったらしい。すでに述べたところだが、その治世はせいぜい四、五年で、王宮とした磐余に池を作ったり（履中二年十一月条）、住吉仲皇子の乱の時に身を寄せていた石上の地に溝を掘ったりして、奈良盆地の開発を進めようとしていたが、十分に達成しないうちに世を去ったらしい。年齢はおそらく三十歳前後ではなかろうか。

履中天皇には、母が黒媛の市辺押磐皇子という遺児があった。市辺とは石上にあったといい、先の石上の溝とも関係があるようだが、おそらく父、履中が亡くなった時はまだ成人に達してはいなかったであろう。したがって、皇位は弟のミズハワケが継ぐことになった。彼は履中の即位にも貢献しているので、まずは穏当な継承であろう。反正天皇である。

反正天皇による遣使再開

反正は皇子の時代から住んでいた多治比を王宮としたので、再び河内が王都となった。多治比はすでに仁徳天皇の時代に大道によって難波と結び付けられており、難波津をその外港とすることも容易であったろう。しかし、反正の治世も長くはなかったらしい。そのことは、記紀ともに事績をまったく記さず、初期の闕史八代同様の扱いをしているのでも分かる。

ただし、記紀は記さないが、この天皇は倭王珍として、中国の宋王朝への使節派遣を再開しているのが重要である。さらに彼は仁徳とは違って、宋の朝廷に称号の授与を望んだ。『宋書』倭国伝は次のように記している。なお倭国伝では使節が来た年は分からないが、『宋書』の文帝本紀に元嘉十五年（四三八）の遣使が記されているので、その年と思われる。

讃死して弟珍立つ。使を遣わして貢献し、自ら使持節都督倭・百済・新羅・任那・秦韓・慕韓六国諸軍事、安東大将軍、倭国王と称し、表して除正せられんことを求む。詔して安東将軍・倭国王に除す。珍、また倭隋等十三人を平西・征虜・冠軍・輔国将軍の号に除せんことを求む。詔して並びに聴す。

このようにはっきりと、朝鮮半島での軍事的権利を主張しているのは彼が最初であって、その目的は仁徳天皇の場合とは異なっていたのではないかと思われる。

この時の派遣で珍つまり反正は、倭隋以下に将軍号を求めている。この時期、すでにヤマト政権は九州から東北南部までの日本列島の大部分を支配しており、列島内で軍事力を行使する必要があったとは考えられない。その目的は、朝鮮半島での軍事力行使とみるべきであろう。ただし、記紀はそのことについては何も語らない。そして、結局は反正の死去によって出兵は実施されなかったと思われ、課題は次の允恭天皇に引き継がれた。倭王済である。

反正天皇は、次の允恭天皇に相当する倭王済が四四三年に宋に朝貢しているから、履中天皇と同じく五、六年の治世であったらしい。したがって、履中天皇の遺児の市辺押磐皇子は、その時でもまだ王位に就くには早かったと思われる。そのため再び履中の弟が即位することとなる。允恭天皇である。

允恭天皇の即位

允恭天皇の名はアサヅマワクゴ、つまり朝妻の若殿様という意味で、朝妻は葛城の地名である。したがって少なくとも幼少期は母の磐之媛の実家のある葛城地方で育ったのであろう。あるいは葛城氏のもとで養育されていたのかも分からない。

その允恭の即位で注目されるのは、それ以降皇位継承の方法となる群臣推挙が初めてみえることである。この時に群臣が議して候補に挙げたのが、『日本書紀』によれば、雄朝津間稚子宿禰皇子と日向の髪長媛を母とする大草香皇子の二人で、年長で「仁孝」ということで、アサヅマワクゴに決定したという。彼は病弱を理由に再三固辞し、群臣はさらに即位を促して、結局、妃の忍坂大中姫《おしさかのおおなかつひめ》の寒中必死の説得で即位を決心したというが、もとより事実かどうかは分からない。この時に、群臣推挙のような方法が採用されたのは、もともとは内紛を避けるための方便であったのかもしれない。

ちなみに、允恭天皇の病気は新羅から来た医者によって全快し、あろうことか、皇后の忍坂大中姫の妹の弟姫《おとひめ》、あまりの美貌が衣を通して表れるので、人が衣通郎姫《そとおりのいらつめ》と呼んだ女性にご執心となり、姉の心情を思って拒む姫の説得を中臣烏賊津使主《なかとみのいかつのおみ》に依頼。密かに懐に入れた乾飯を隠れて食べつつ、絶食して天皇のもとへ行くことを説得するかに見せかけた烏賊津使主の詐術に騙されて、姫は天皇のもとに行くことを承諾してしまう。

それでも皇后を恐れた天皇は、姫を藤原に住まわせ、さらに姉の目を気にして王宮遠くあることを

隅田八幡宮人物画像鏡（隅田八幡宮蔵）

願う姫のために河内の茅渟に宮を建て、しばしば日根野《ひねの》に遊猟したという。日根野は今の泉佐野市である。まあ、好色と恐妻家という点では、父親の仁徳ゆずりといえばいえるが、もちろん興味深く脚色されている可能性も高く、どこまで事実かは分からない。

王権の変質

それよりも、政治史的にみて、允恭天皇の時代から王権は少し変質するように思われる。それは葛城氏との関係である。

母が葛城氏の出身で、自らも葛城で育っていたらしい允恭天皇だが、彼の后は忍坂大中姫であって葛城氏の出ではなく、即位後の王宮も葛城地方ではなく、『古事記』によれば遠飛鳥であった。現在の奈良県明日香村だが、その具体的な場所はまだ明らかではないらしい。現状では、舒明天皇の飛鳥岡本宮から天武天皇の飛鳥浄御原宮《あすかきよみはらのみや》まで同じ場所に造営されたことが分かっているが、あるいはそのさらに下層に允恭天皇の王宮が眠っているのだろうか。

ちなみに彼の妃の忍坂大中姫は応神天皇の子供のワカヌケフタマタ王の娘で、允恭とは従姉妹に当たる。忍坂は大和の地名で飛鳥よりもさらに東方の地域で、先にも触れたが五十敷命が作成した刀剣千振を一時保管していた場所だというから、ヤマト政権にとっては重要な場所であったらしい。彼女はそこに住んでいたので忍坂を名前にしているのだろうが、あるいは父のワカヌケフタマタ王がそこに封じられていたのかも分からない。この忍坂については、癸未年（四四三年または五〇三年）の年を刻んだ隅田《すみだ》八幡宮の人物画像鏡の銘文に意柴沙加《おしさか》宮と記されている。

これだけで判断は難しいが、允恭は即位当初から葛城氏と距離をおこうとしていたとも解される。それが顕在化したのが、玉田宿禰の誅殺である。

玉田宿禰の殺害

『日本書紀』允恭五年七月己丑条によれば、玉田宿禰は先代の履中天皇の殯を掌っていたが、この日たまたま地震があり、殯宮の状況を気にした天皇が、尾張連吾襲という人を遣わしたところ、玉田宿禰の不在が発覚、天皇はさらに吾襲を葛城に遣わしたら、宿禰が男女を集めて宴会をしていた。吾襲から状況を聞いた宿禰は吾週に賄賂の馬を与えるが、結局帰途で殺害し、自分は武内宿禰の墓域に逃げた。武内宿禰の墓とは、奈良県御所市にある室《むろ》の大墓（宮山古墳）を指すという説もある。

天皇はそれを聞いて宿禰を召喚したが、宿禰は疑って、衣の下に鎧をまとって参上したので、それを知った天皇は宿禰を殺そうとする。宿禰は逃れて家に隠れるが、天皇はさらに兵を遣わして宿禰の家を包囲して捕えて誅殺したという。

玉田宿禰は允恭紀には襲津彦の孫となっているが、雄略紀の注には子供とある。いずれが正しいかは分からない。この人物は『公卿補任』では、円大臣の父親ということになっているが、円大臣はすでに履中天皇の時代に四人の執政の一人となっており、やや年代が合わない。履中紀を疑うこともできるが、『公卿補任』はさらに後世の編纂物なので、ここでは玉田宿禰と円大臣との父子関係を疑っておきたい。

したがって、葛城氏にはすでに円大臣が履中天皇の時代から政権中枢にいるので、允恭による玉田宿禰殺害は、彼個人の失態を責めたもので、必ずしも葛城氏そのものを抑えようとするものではなかったかもしれない。しかし、これによって葛城氏がダメージを受けたことも否定しがたいから、允恭天皇になって王権と葛城氏に代表される有力豪族との関係は、やはり変化しているとみるべきではなかろうか。その方向をさらに推し進めたのが雄略天皇だったのである。

なお、允恭が進めたのは、奈良盆地の東部を拠点とする政権運営であったらしい。これが葛城氏への対抗だったとは断言できないが、そのことは彼の子供たちの配置をみてもうかがえる。つまり、木梨軽皇子は飛鳥の西の軽、八釣白彦皇子は飛鳥の北の八釣、穴穂皇子のちの安康はさらにその北の石上、大泊瀬皇子のちの雄略は飛鳥の東方の泊瀬という具合に、自らの王宮のある飛鳥を囲むように配置しているのである。

宮山古墳（奈良県御所市室）

さて、允恭の政権の対外関係の懸案は、対高句麗問題であったらしい。そのことは記紀には記載がないが、彼もまた兄の反正同様、中国の宋に使いを送って、称号の授与を願っている。

允恭期の対外関係

すなわち、元嘉二十年（四四三）に使いを遣わして安東将軍・倭国王の号を与えられ二十八年（四五一）には、安東将軍に使持節都督倭・新羅・任那・加羅・秦韓・慕韓六国諸軍事を加えてもらい、さらに二十三人を軍郡に除されたのである。允恭が対高句麗の軍事行動を計画していたことは、倭王武つまり雄略天皇が宋の皇帝に送った上表文に、高句麗が侵略をほしいままにしているので、臣が亡考つまり亡き父の済が「実に寇讎（高句麗のこと）の天路（中国への交通路）を壅塞するを忿り、控弦百万、義声に感激し、まさに大挙せんと欲」したと記されていて疑う余地がないが、四五一年の叙爵はそれへの準備行動であって、この称号を得た段階で、彼は本格的に軍事作戦を発動するつもりだったのであろう。

だがこの軍事行動は実施されなかった。倭王武が上表文で記すように、にわかに父兄つまり允恭とその子安康（倭王興）を失ってしまったからである。そのあたりの事情は中国史料からは分からない。改めて記紀をうかがってみることとしよう。

允恭天皇がいつ亡くなったのかは、例によってよくは分からないが、世子の興つまり安康天皇が使いを派遣して「安東将軍・倭国王」に任命されたのが四六二年なので、四六〇年頃には亡くなっていたとみて大過ないと思われる。その即位が四四〇年頃なので、今度は二十年程度の在位であったらしい。とうぜん、市辺押磐皇子も、允恭の子供たちもそれなりの成長を遂げているはずである。允恭が即位したときは、群臣推挙の形をとって、なんとかトラブルはなかったようだが、それでもまた今回も内紛は起こった。允恭天皇の死後、いちおう後継者とされていた木梨軽皇子が廃される事件である。この事件は歌物語として記紀に伝えられている。

安康天皇の即位

『古事記』では、允恭天皇が亡くなって木梨軽太子(『古事記』の表記)が王位に就くべきところ、同母妹の軽大郎女と通じてしまう。そこで百官と天下の人々は軽太子にあいそをつかして、穴穂、のちの安康に心を寄せる。軽太子は大前小前宿禰の家に逃れて兵器を備え、穴穂もまた武器を整えて大前小前宿禰の家を包囲して、そこで穴穂と大前小前との間に歌のやり取りがあった。

そのとき、大前小前が太子を捕えて差し出すと言ったので、穴穂は兵を引き、大前小前が太子を引っ張ってきて、結局太子は伊予に流されるが、その時の歌もある。太子が流されたあと、衣通王が歌を歌い、恋慕に耐えかねて後を追って、ついに二人で自殺してしまったという。

『日本書紀』では、軽大郎女との恋愛または不倫については、允恭紀に記載があって、軽太子は後継者なので罰せず、軽大郎女だけを伊予に流したとする(允恭二十三年三月庚子条、二十四年六月条)。そして安康即位前紀で、允恭天皇の葬儀が終わったのに、軽太子が「暴虐を行い、婦女に婬」するという有様なので、国人も群臣も穴穂皇子についたという。

そこで軽は穴穂を襲おうとするが、群臣や百姓から支持されていないことを知って、物部大前宿禰の家に隠れる。穴穂が大前の家に来て歌のやり取りがあり、大前が「太子を殺さないでいただきたい、こちらに考えがある」と言って、結局太子は大前の家で死んだことになっている。ただ「一云」として伊予に流したという説を挙げている。

允恭天皇の子供たちで軽太子が実質上の後継者だったことは、彼が住んでいた軽が、かつての応神の王宮のあった場所であり、允恭の王宮のある遠つ飛鳥つまり現在の奈良県明日香村の地と至近距離にあることでも分かる。いろいろな文学的粉飾を除けば、これはやはり、軽と穴穂との王位継承の争いであって、軽は後ろ盾と頼んでいた物部大前の翻意によって敗れてしまったのが、あたらずといえども遠からずといったところであろう。

大草香皇子の滅亡

さて安康の即位は久々の父子継承であったが、後継者と目されていた木梨軽皇子を滅ぼしての即位には不安定要素もつきまとったであろう。まず、兄弟相承が続いた結果、王統が並立して、オジ・オイやイトコ間での王位継承が想定される状態となったが、その点については後述することとして、当面は、兄弟相承が続くと、それが常態のようにもなって、允恭天皇の後にさらに兄弟相承が継続する可能性もあったことである。どこまで信用できるかは問題だが、允恭即位の時に、大草香皇子がもう一人の候補者に挙げられていたことは、その可能性を示唆している。その芽を摘んだのが、大草香皇子の滅亡である。

この事件は次の眉輪王《まよわおう》事件の伏線ともなるもので、かなり物語化したものが記紀に伝えられているが、まずはその顚末を述べていこう。

『古事記』によれば、安康は弟の大長谷王子のちの雄略と、大日下王（『日本書紀』では大草香、仁徳と日向の髪長媛との間の子供）の妹、若日下王との婚姻を策して、大日下のもとに根臣なる者を遣わした。大日下は快諾したが、根臣は礼物として大日下が差し出した玉鬘を横領したうえ、大日下が激怒したと讒言。それを真に受けた安康は、大日下を殺して、あろうことか、その妻の長田大郎女を自分の皇后にしてしまった。

この事件は『日本書紀』でも、大草香皇子の妹の名前が幡梭皇女、大草香の妻で安康の皇后になるのが中蒂姫となっていたり、玉鬘を押木珠縵というなど、細部に違いがあり、表現も細かくはなっているが、筋書きはほぼ同じである。ただ、大草香皇子の最期を叙述する時に、難波吉師日香蚊の父子が皇子に仕えていて、皇子に殉じた逸話を載せているのが興味深い。当時の王族に代々仕えるいわば譜代の家臣のような者がいたのである。

また『日本書紀』には、この事件の後日談として、呉の使節をもてなす宴会の席で、根使主が先に横領した玉縵を着していたために、悪事が露見して、雄略天皇によって滅ぼされたという話が載っている（雄略十四年四月朔条）。

いずれも根臣が悪役だが、安康天皇がその言葉を真に受けて、確かめもせずに大草香皇子を誅殺するのには、何か事情がありそうである。とくに、『日本書紀』の住吉仲皇子の場合と同様に、ここでも求婚でのトラブルが内紛の原因とされているが、かえってそのことが、これが事件の真相ではないことを示しているようにも感じられる。

というのは、『古事記』には、雄略が婚約者の若日下部王に通う際に河内の志紀大県主の不遜な振る舞いを目撃して懲罰を加えたという物語があって、それでは両者の婚約関係は円滑だったようにもみえるのである。いずれも物語化がはなはだしいから、ここから史実を探るのはかえって危険かもしれないが、先に隼別皇子の反乱の時にも述べたように、婚約時のトラブルからライバルが打倒されるのは、いわばよくあるパターンで、政治的対立をカモフラージュする手段だった可能性もあるように思う。

大草香皇子殺害の背景

ここで注目されるのが、履中の遺児の市辺押磐皇子が後に雄略天皇に殺害された時、帳内（とねり）の日下部連使主とその子の吾田彦が皇子の遺児、弘計王と億計王を連れて丹波の余社に逃れたということである。これは彼らが大草香皇子の近習であったことを示しているが、日下部は大草香皇子の部民であるから、その統率者である日下部連は大草香皇子の配下にあったはずである。

ということは、大草香皇子の死後、日下部連は市辺押磐皇子に仕えることとなったということで、さらにいえば、日下部連が率いている日下部つまり大草香皇子の部民をもまた、その死後に市辺押磐皇子が継承したことにほかならない。しかし、二人は叔父・甥の関係とはいえ、その遺産を継承するのはやや不自然である。つまり、反逆者として殺された大草香皇子の遺産が市辺押磐皇子に継承されているのは、この殺害に彼が寄与していたことを示すのではなかろうか。

さらに興味深いのが、安康は自分の後継者としてイトコの市辺押磐皇子を考えていたという『日本書紀』の記述である。つまり、二人は協力して大草香皇子を滅ぼして、これ以上の兄弟継承の可能性をつぶしたのである。そのため安康は、その協力者である市辺押磐皇子に、次の王位を約束していたのであろう。

しかし、市辺押磐皇子の地位も、それまでの、そしてそれからの諸皇子同様確固たるものではなかったことは、彼がその後、雄略によって殺害されていることからも明らかなのである。

眉輪王の変

さて安康は大胆にも、滅ぼした大草香皇子の妻、中蒂姫（『古事記』では長田大郎女）を自分の后とし、その連れ子の眉輪王をも手元に引き取るが、安康が実の父殺害の張本人と知った眉輪王に斬殺されてしまう。いわゆる眉輪王の変である。その一部始終は以下のようであった。

『古事記』によれば、安康天皇が昼寝をしていた寝物語に、后に対して、連れ子の目弱王（眉輪王）が成人した時に自分が父の仇と知ったら、よこしまな心をおこすだろうかと言った。それを宮殿の下で聞いていたその時七歳の目弱王が、天皇の寝ているところをうかがって、太刀で首を打ち切って都夫良意富美《つぶらおふみ》（円大臣）の家に逃げこんだのである。

『日本書紀』も大筋では同じだが、眉輪王の年齢が幼年とだけ記されるようになっていたり、ただちに円大臣の宅に逃げずに、坂合黒彦皇子とともに逃げ込んだことになっている。

さて『古事記』では、その後、このことを知った大長谷王子（大泊瀬、のちの雄略）が、まず逡巡する兄の黒日子王を切り殺し、さらに同様の態度をとったとして、白日子王を生き埋めにして、兵を起こして都夫良意富美の家を包囲した。この時、大長谷は彼の娘の訶良比売（韓媛）に求婚していたのだが、意富美は自ら出頭して、「訶良比売は仕えさせよう。葛城の五ケ所の屯宅も差し上げよう。だが私自身は参りはしない。なぜならば、昔から今まで、臣下が王宮に隠れたことはあったけれど、王子が臣下の家に隠れてくださったことは聞かない。賤しい私は力を尽くしても勝つことはできないだろうが、自分を頼りにして賤しいこの家に入っておられる王子は、死んでも棄てはいたしますまい」と言い放って、戦いを始めた。そして力窮まり矢尽きて、「やむをえない。今は私を殺せ」という眉輪王を刺殺して、自らもまた頸を切って死んだという。

『日本書紀』も大筋で同じだが、円大臣に「匹夫の志も、奪うべきこと難しといえるは、まさに臣に当れり」と言わせたのは、もとより『日本書紀』編者が『論語』をもってした潤色だが、大臣の心意気に感じた脚色なのであろう。今まで散々おぞましい権力闘争を見てきたが、ここにきてようやく共感すべき生き方に出会ったと感じたのは、書紀編者の思いでもあったに違いない。そのような思いもむなしく、大泊瀬は円大臣の宅に火をかける。大臣も王も黒彦もみな焼き殺されてしまったのである。

円大臣の心意気

さて、この事件も、『古事記』でいえば、わずか七歳の眉輪王が安康を切り殺すとか、おそらく現場は安康の王宮のあった石上であろうが、そこから眉輪王が葛城の円大臣の家に逃げ込むなど、不審なところが数多い。おそらくは眉輪王はそのような幼児ではなく、実際には円大臣も絡んだ皇位をめぐる争いであった可能性が高い。

それを記紀編者ないしはその材料となった原史料では、幼い子供の仕業としたのはなぜなのだろう。

極楽寺ヒビキ遺跡（奈良県御所市極楽寺。復元建物は合成）
（黒田龍二復元／奈良県立橿原考古学研究所附属博物館提供）

おそらくは、そうすることで、この事件をおぞましい権力闘争ではなく、純粋な父親の仇討として描きたかったのではなかろうか。それが意識的な潤色か、それとも人々の思いに裏付けられて、知らず知らずのうちに伝承過程で生じたものなのか、それは私には分からない。分かっていることは、この物語から、日本文化の一つの美学としてのおとこ気、侠気というものが生まれてきたのではないかということである。その流れはおそらくは今に至るまで流れ続けているのであって、今ほど筋を通さない風潮があふれているとき、それだからこそ人々の心を揺さぶるのであろう。

それはともかく、近年発掘された御所市の極楽寺ヒビキ遺跡は、葛城氏の邸宅とみられるが、火災のあとが認められ、雄略が円大臣の宅を焼き払ったという所伝を裏付けている。いずれにしても、これで仁徳と履中の外戚であった葛城氏は没落してしまったのである。

続く皇位継承争い

このの ち、雄略は市辺押磐皇子をも殺害し、その二人の遺子は播磨に逃亡、履中王統は逼塞を強いられる。雄略はさらに吉備の下道氏など、有力な豪族を抑圧して、専制的な行動に出る。たとえば、仁徳の時に諸国に分置された秦の民も、弓月君の子孫で、雄略の側近の酒公が一括して管理するように改められる。それは国造などの豪族が個別に所有していた技術力を奪って、伴造を通じて天皇が一元的に掌握しようということにほかならない。このような傾向は他にもみられ、ここにヤマト政権は新しい段階に入る。それは仁徳天皇の時代とはまた異なった時代なのだが、そのことを論じるのは本書に課せられた課題をはるかに超えるので、いつかまた機会があるまで、論じるのは慎もうと思う。

ただ、このように仁徳天皇以降、延々と天皇の死後に必ずといっていいほど、皇位をめぐる争いが繰り広げられているが、いったいこれはどうしたことなのだろうか。これにはまず、当時の王族が兵力に転用できる人的資源を所有していたことが挙げられる。それは、帳内や舎人と表記されるトネリと呼ばれる従者である。これは、応神や仁徳が自分の身内のために部民を設定したことにもとづくものである。さらに心理的な要因も見逃せない。神功皇后が我が子のホムタワケを皇位につけようとして、本来の仲哀天皇の後継者であるカゴサカ王とオシクマ王を滅ぼして、事実上皇位を簒奪したという悪しき先例がそれ以降の王族間の紛争に影響を与えたからだと思わざるをえない。この結果、実力のある者が皇位を奪って何が悪いといった風潮が生まれたのであろう。そして、その風潮に最初に乗ったのが、他ならぬ仁徳天皇だったように、私は考えるのである。

3　聖帝伝説の誕生

仁徳天皇の実像とは何か。これまで記紀をできるだけ活用しながらその姿に迫ってみた。そこにみられるのは、かなり野心をもった王者の姿であった。

民の竈に立つ煙

だが、一方で仁徳天皇を聖帝とする見方も、記紀の頃には定着している。その仁徳天皇＝聖帝伝説で、いつも挙げられるのが、租税の免除をめぐる伝説であろう。『古事記』は次のようにいう。

ここに天皇、高き山に登り四方の国を見て詔らさく、「国の中に烟発たず、国、皆、貧窮《まづ》し。故、今より三年に至るまで悉く人民の課役を除け」と。是を以ちて大殿破れ壊れて悉く雨漏ると雖ども、かつて修理《つくろ》うことなし。はこを以ちて其の漏る雨を受け、漏らぬ処に遷り避けりき。後に国の中を見るに国に烟滿ちき。故、人民富めりとして、今は課役を科《おお》せき。是を以ちて百姓栄え、役課に苦しまず。故、其の御世を称えて聖帝の世と謂う。

〔現代語訳〕

天皇は高い山に登って四方の国をみて、「国の中に煙が立っていないのは、国が貧しいからだ。今から三年間人民の税負担を免除せよ」と命じた。そのため宮殿は壊れて雨漏りがしても修理せず、箱で雨水を受けるし、雨漏りしていないところに移ったりしていた。その後、国の中を見ると煙が満ちている。そこで、人民は富んでいるとして、租税徴収を再開。そのため、一般国民は栄えて、税負担に苦しまなかった。そこでその時代を賛美して聖帝の世という。

また『日本書紀』には、元年正月の己卯条に、「大鷦鷯尊、天皇位に即く。皇后を尊びて皇太后と曰す。難波に都す。是を高津宮と謂う。即ち宮垣室屋、堊色せず。桷梁柱楹、藻飾らず。茅茨の蓋、割齊へず。此、私曲の故を以て、耕し績む時を留めざればなり」とみえ、難波を都とした当初から、宮殿の建物に彩色せず、柱や梁も飾らず、茅葺屋根も切りそろえずに、質素を旨としたという。天皇の私事で民間の生産の時間を奪うことを避けたのである。

まことに結構な心がけだが、そのあと、四年二月甲子条以下に有名な租税免除の伝説がみえる。

群臣に詔して曰はく、「朕、高臺に登りて、遠に望むに、烟気、域の中に起たず。以為らく、百姓既に貧しくして家に炊く者無きか。朕聞けり、古の聖王の世、人人、詠徳の音を誦し、毎家に康哉の歌有り。今朕、億兆に臨みて、ここに三年、頌音聆えず。炊烟轉た疎なり。即ち知りぬ。五穀登らず。百姓窮乏しからむと。邦畿の内すら、尚給がざる者有り、況や畿外諸国をや」と。（二月甲子条）

〔現代語訳〕

「私が高台に登って遠くを見ると、煙が地域内におこっていない。思うに、百姓が貧しくて炊事もしていないんだろう。聞くところによれば、昔の聖王の時代には、人々は徳をたたえる歌を歌い、家ごとに康いかなの歌があったという。今、私は位に就いて三年。ほめたたえる音は聞こえず、煙もまばら。つまり、穀物が実らず民衆が窮乏しているのだ。都の周辺でもこのありさま、まして地方ではどうなるのか」と、群臣に言ったという。

詔して曰はく、「今より以後、三年に至るまでに、悉に課役を除めて、百姓の苦を息へよ。」是の日より始めて、黼衣・絓履、弊れ盡きずば更につくらず。温飯・煖羹、酸り餧らずは易へず。心を削り志を約めて、事に従うに爲すことなし。是を以て、宮垣崩れども造らず。茅茨壞れども葺かず。風雨隙に入りて、衣被を沾す。星辰壞より漏りて、床蓐を露にす。是の後、風雨時に順ひて、五穀豐穰なり。三稔の間、百姓富寛なり。頌德既に滿ちて、炊烟亦繁し。（三月己酉条）

〔現代語訳〕

そこで命令して、「今から三年、ことごとく税を免除して、人民の苦しみを休ませよ」といって、その日から衣服や靴はぼろぼろにならない限り新調せず、ご飯やスープは酸っぱくならない限り替えなかった。

そこで宮殿の垣は崩れても造営せず、屋根の茅も葺かずにいたから、風雨が隙間から入って着物を濡らすし、星の光が漏れてきて、床や寝床が露わになった。その後、気候が順調で五穀豊穣。三年間で民衆は豊かになり、徳をたたえる声が満ち溢れて、炊事の煙ももくもくあがった。

天皇、台の上に居しまして、遠に望みたまふに、烟気多に起つ。是の日、皇后に語りて曰はく、「朕、既に富めり。更に愁無し」と。皇后対へ諮さく、「何をか富めりと謂ふ」と。天皇の曰はく、「烟気、国に満てり。百姓、自づからに富めるか」と。皇后、且つ言したまはく、「宮垣壊れて、脩むるを得ず。殿屋破れて、衣被露わる。何をか富めりと謂ふや」と。天皇の曰はく、「其れ天の君を立つるは、是百姓のためなり。然れば君は百姓を以て本とす。是を以て、古の聖王は、一人の飢ゑ寒ゆるに、顧みて身を責む。今百姓貧しきは、朕が貧しきなり。百姓富めるは、朕が富めるなり。いまだあらじ、百姓富みて君貧しといふことは」と。（七年四月辛未条）

〔現代語訳〕

さて、天皇が高台にいて遠くを望むと、煙が盛んにあがっている。その日、天皇は皇后に語って「私は豊かだ。憂いごとはない」といった。皇后が「どこが豊かなのよ」と聞いてくるので、天皇は「煙が国に満ちている。人民が富んでいるからだ」と言う。皇后は「宮の垣は壊れて修理もできない。屋根は壊れて衣服が濡れる。どこが豊かというのよ」と言う。天皇は「あのね、天が君主を立てるのは人民のためなんだよ。だから、君主は人民を本とするのだ。そういうことなんで、昔の聖王は人民が一人でも飢え凍えていたら、我とわが身を責めたのだ。今人民が貧しいのは私が貧しいことで、人民が富んでいるのは私が富んでいるということ。未だかつて、人民が富んでいて君主が貧しいなんてことはなかったんだ」と言ったという。

諸国、悉に請して曰く、「課役並に免されて、既に三年経りぬ。此に因りて、宮殿朽ち壊れて、府庫已に空し。今黔首富み饒にして、遺拾はず。是に以て、里に鰥寡無く、家に余儲有り。若し此の時に当りて、税調貢りて、宮室を脩理ふに非ずば、懼るらくは、其れ罪を天に獲むか」と。然れども猶忍びて聴したまはず。（九月条）

〔現代語訳〕

さて諸国はみんなお願いして「税が免除されてすでに三年が経ちました。そのため宮殿はぼろぼろで、国庫も空っぽです。今、人民は豊かになって、落ちている物も拾わないほど。そこで田舎に孤独な人はいないし、家には余裕がある。もしも、この時に税を納めて宮殿を修理しないなら、天から罰をうけますよ」と言ってきたが、なお我慢して許さなかったというから大したものだ。

はじめて課役を科せて、宮室を搆造る。是に、百姓、領されずして、老を扶け幼を携へて、材を運び簣を負ふ。日夜を問はずして、力を竭して競ひ作る。是を以て、未だ幾時を經ずして、宮室悉に成りぬ。故、今において聖帝と稱めまうす。（十年冬十月条）

〔現代語訳〕
ようやく初めて人民に労役を課して宮殿を作ることとした。すると、人民は命令もされないのに、老人を助け、幼児を連れて建築資材を運ぶし、モッコを担ぐ有様。昼夜を問わずに一生懸命に競争して作ったから、そんなに時間もかからずに宮殿はことごとく完成。そこで現在まで聖帝だと称賛しているという。

『古事記』よりも劇的になっており、儒教的色彩が濃厚に施されてはいるが、基本的には変わらない。煙と三年間の租税免除はかなり行き渡った伝説だったことがうかがえよう。

理想の治世とみなされる

また、すでに紹介したが、『日本書紀』は仁徳の時代を総括するようなかたちで、この時代が理想的な時代であったと記している。

是に、天皇、夙に興き夜（おそく）寐ねまして、賦を軽くし斂を薄くして、民萌を寛にし、徳を布き、恵を施して、困窮を振ふ。死を弔ひ疾を問ひて、孤孀を養ひたまふ。是を以て、政令流行れて、天下大きに平なり。二十余年ありて事無し。

じじつ、仁徳天皇が聖帝であったことは、七世紀半ば、大化改新の頃には定着していたらしい。『日本書紀』白雉《はくち》元年（六五〇）四月甲申条には、長門国からの白雉献上の際の詔に、聖王、世に出でて天下を治むる時、天、則ちこれに応じて其の祥瑞を示す。曩には西土の君、周の成王の世と漢の明帝の時に白雉これ見ゆ。我が日本國、譽田天皇の世、白鳥宮に樔つくりし、大鷦鷯帝の時に龍馬西に見ゆ。

とあって、応神天皇と仁徳天皇の時代に勝瑞が表れたと述べている。この時はまだ「日本」の国号が成立していなかったとか、こまかな潤色はあるが、大化改新の頃に、仁徳朝を聖代と考える見方があったことは認められるであろう。

では、この伝説が成立した時期はいつ頃だろうか。

そもそも本書で論じてきたように、仁徳はその即位に当たって不審なところがあったし、彼の即位を認めないような王族の行動もうかがわれた。しかし、それは史料の検討から導かれたもので、記紀の表面上は決してそのような印象をもたれるような叙述ではない。それは、同様にその即位に当たって強硬な手段を取った雄略天皇について、記紀がかなりあからさまに記しているのと好対照である。思うに、雄略天皇の即位事情がある意味客観的に描かれているのは、彼の血統がその子の清寧天皇で途絶え、あとを継いだのが雄略に滅ぼされた市辺押磐皇子の子供たちだったことに関係していると思われる。つまり、雄略を美化する必要は早い段階からなくなっており、むしろその「悪逆」を描く方がいいような状況になっていたのである。

ひるがえって仁徳の場合を考えてみると、彼の血統は武烈天皇で途絶え、越前から迎えられた継体天皇は応神天皇の五世の孫だが、仁徳ではなく若沼毛二股王の子孫であって、仁徳とは血のつながりはない。したがって、この時期にならば、もはや仁徳を美化する必要はありえないのである。

このように考えれば、仁徳を聖帝とみる見方は、継体朝にはすでにゆるぎないものとなっていたと思わざるをえない。そしておそらくそれ以後も、その見方に立って様々な伝説が作り語られていったのであろう。

大化の改新への影響

だが、それだけではあるまい。本書で述べてきたように、仁徳天皇の時代は、前の応神天皇の時代が大規模な朝鮮半島への出兵と対高句麗戦争の敗北という激動の時代であり、また仁徳死後は履中、反正が短命で、さらに五世紀後半の允恭天皇からは再び対高句麗の戦争が準備され、雄略天皇の死後は王統を異にする天皇が短期間で三人も続くような不安定な時期であった。

つまり、仁徳天皇の時代は、その前後をみると比較的安定した時期だったのであり、また河内地方を中心としたインフラ整備がその後の社会におそらく恩恵を施したことなどから、のちの代から理想的な天皇が治めた時代だと評価された点はあったように思うのだが、いかがであろうか。

その仁徳天皇聖帝観は後世にも影響を及ぼす。その最たるものが、大化改新である。改新の性格については、様々な議論があるが、私はなによりも改新政府がその最初に示した施政方針が重要だと考える。

乙巳《いっし》の変のクーデターのあと、大化元年（六四五）七月戊寅に孝徳《こうとく》天皇は、左大臣阿倍倉梯麻呂と右大臣蘇我石川麻呂に対して「まさに上古の聖王の跡に遵いて、天下を治むべし。また信をたもちて天下を治むべし」と述べているが、私はこれこそ、改新政府の施政方針であると思う。部民の廃止や公地公民、薄葬令など、みなその具体策にほかならない。

ではその聖王とは、いったい誰か。中国の例ももちろんあるだろうが、それを我が国に求めるならば、すでに述べたように、白雉元年四月甲申の詔で、祥瑞が現れたと記されている応神、仁徳以外に

難波宮跡（大阪市中央区法円坂）

高津宮（大阪市中央区高津）
難波宮跡と同じ上町台地にあり，仁徳天皇を主祭神としている。

は考えられない。まさに大化改新とは、応神と仁徳、とくに聖帝の誉れ高い仁徳天皇の時代を模範とした政治を目指していたと考えられるのである。

そう考えることで、改新政府がなぜ難波に都を移そうとしたかもおのずから明らかになるであろう。つまり、そこが聖帝の都だったからにほかならない。とすれば仁徳天皇の高津宮は前期難波宮の、おそらくは内裏地域の場所にあったと思われるのである。

仁徳天皇像
（堺市堺区百舌鳥夕雲町，大仙公園内）

平安期の記述

そのような仁徳＝聖帝、聖代観はその後も増幅してゆく。たとえば、平安時代の歴史物語である『水鏡《みずかがみ》』は次のように記す。

> 次の御門、仁徳天皇と申しき。応神天皇第四の御子。御母、皇后仲姫なり。癸酉の年正月己卯の日、位に即き給ふ。御年二十四。世を知り給ふ事、八十七年なり。この御門の御弟を東宮と申ししかば、すべからく位を継ぎ給ふべかりしに、兄に譲り申し給ひしかども、互ひに継ぎ給はずして、空しく三年を過ぐさせ給ひしかば、東宮みづから命

失ひ給ひにき。御門このことを聞こし召して、かの東宮へ急ぎおはしまして、泣き悲しみ給ひしかども甲斐なくて、その後、位には即かせ給ひしなり。四年と申しし二月に高き楼に登りて御覧ぜしに、民の住処賑ひて御覧ぜられければ、御門詠ませ給ひし。

高き屋に　登りて見れば　煙立つ　民のかまどは　賑ひにけり

〔現代語訳〕

次のみかどは仁徳天皇といった。応神天皇の第四子で母は皇后の仲姫。癸酉年正月己卯の日に即位した。年は二十四歳。治世は八十七年である。このみかどの弟を東宮といったから位を継ぐべきだったのに、兄に譲ったけれど、お互いに即位せずに、むなしく三年が経過したので、東宮は自殺してしまった。みかどはこれを聞いて東宮のところに急行して泣き悲しんだけれど甲斐ないこと、その後に位に即いた。四年の二月に高楼に登って見てみると、民が豊かであることが分かったので歌を詠んだのが、「高き屋に　登りて見れば　煙立つ　民のかまどは　賑ひにけり」であるという。

この有名な歌は、『新古今和歌集』巻七の賀歌に「仁徳天皇御製」として掲げられているが、実は、延喜六年（九〇六）の日本紀竟宴和歌で藤原時平《ときひら》が詠んだ、「高殿に登りて見れば天の下四方に煙りて今ぞ富みぬる」という歌が元歌らしい。

以後、この和歌は仁徳天皇と不可分に結びついて、彼の事績を語る時に常に思い出されるようになった。本書で推測したような皇位をめぐる不可解な言動や、女性問題なども、この歌によって包み隠されてしまった感がある。おそらく人々は、自分の生きている時代が苦しければなおさら、古き世の理想的な時代にあこがれたのであろう。そのたびに仁徳天皇は、人々の心に蘇り続けたのである。

参考文献

第一章　オオサザキの登場

笠井倭人『研究史　倭の五王』（吉川弘文館、一九七三年）
田中卓「古代天皇の系譜と年代」（『日本古代国家の成立と諸氏族』田中卓著作集2、国書刊行会、一九八六年）
若井敏明「飯豊皇女と億計・弘計王」（『東アジアの古代文化』一二八号、二〇〇六年）

第二章　ヤマト政権と朝鮮諸国

池内宏『日本上代史の一研究』（中央公論美術出版、一九七〇年）
児島襄『天皇』I（文春文庫、一九八一年）
末松保和『任那興亡史』（『古代の日本と朝鮮』末松保和朝鮮史著作集4、吉川弘文館、一九九六年）
田中俊明『大伽耶連盟の興亡と「任那」』（吉川弘文館、一九九二年）
角林文雄『任那滅亡と古代日本』（学生社、一九八九年）
山尾幸久『日本国家の形成』（岩波新書、一九七七年）

第三章　仁徳天皇の治世

朝尾直弘他『京都府の歴史』（山川出版社、二〇一一年）

日下雅義『地形からみた歴史』（講談社学術文庫、二〇一二年）
千田稔『埋もれた港』（小学館ライブラリー、二〇〇一年）
原秀三郎「国造・県主制の成立と遠江・駿河・伊豆」（『地域・王権の古代史学』塙書房、二〇〇二年）
直木孝次郎「葛城氏と大王家」（『古代河内政権の研究』塙書房、二〇〇五年）
吉田晶「県および県主」（『日本古代国家成立史論』東京大学出版会、一九七三年）

第四章　仁徳天皇以後と聖帝伝説

井上光貞「古代の皇太子」（『日本古代国家の研究』岩波書店、一九六五年）
若井敏明「不改常典と古代の皇位継承」（『続日本紀研究』三〇九、一九九七年）

あとがき

前著の『平泉澄』を刊行してもらってから、次になにか書いてみませんかと、編集部から提示された人物から、私が選んだのが仁徳天皇でした。実はその他に鑑真の名前などもあって、そちらにも魅力があったのですが、なにぶん中国への取材は無理だろうと思って断念し、このテーマを選んだのです。

そのころ、私は四～六世紀の歴史について、『日本書紀』や『古事記』などの国内の文献を積極的に使った方法に惹かれ始めていて、そのような方法で少し論文を書いたりしていたので、ちょうどよい機会だと思ったことも、仁徳天皇を選んだ理由でした。

もちろん『日本書紀』などを使うといっても、無批判に用いるわけではなく、とくにその年代については、そのまま利用できないので、中国や朝鮮の史料と突き合わせて確かな年代を推測することが研究の出発点となりますが、神功皇后と応神天皇の時代にはかなりそれが可能で、神功皇后の年代について考えたこともあったので、その続きを書けばいいという、いささか安易な見通しがありました。

ただ、仁徳天皇の時代を論じる前に、自分の興味は神功皇后からさらにさかのぼって、初期ヤマト政権や邪馬台国の問題に移ってきたので、まずその問題について、自分の見通しを示しておくべきだと考えて、『邪馬台国の滅亡』という本を吉川弘文館から出版させてもらいました。

したがって、お読みになればすぐに分かりますが、本書はその続編ともいうべき内容になっています。そして『邪馬台国の滅亡』では、ほぼ全面的に『日本書紀』や『古事記』の伝える情報を活用するという方法をとりましたので、今回もその方法を踏襲することといたしました。もちろん、それはこれまでのささやかな研究から、その方法が有効であることを確信したからであることはいうまでもありませんが、そのことが本書をそれまでの古代史の書物と比べてやや特異なものとしているかもしれません。

ところが、いざ着手してみると、『日本書紀』や『古事記』の仁徳天皇についての情報はそんなに多くなく、それだけで一冊の本にまとめるのは難しいことが分かってきました。そこで情けない話ですが、私のモチベーションは急速に低下してしまいました。

しかしそうも言っておれないので、仁徳天皇を中心とした四、五世紀を描いてみることにして、結果として文字通り『邪馬台国の滅亡』の続編になってしまったわけです。ただ応神天皇の時代は、年代の推定が可能な外交記事が豊富で、それらを活用していくらか歴史像を結ぶことができそうでした。そこで、内外の史料を用いて四世紀後半から五世紀初頭の対朝鮮外交をまとめていたのを、本書の前半に使ったのですが、そのことがまた私を落ち込ませました。

本書を読んでいただいたらお分かりになりますが、内外の史料を整合的に用いると、百済は倭国の援助で半島南西部をその支配下に置くものの、倭国によってその地を奪われ、一部は返還されますが、一部はそのままにされたことが浮かび上がってきます。これがいわゆる任那問題で、その本質は百済の倭国からの失地回復にあったのです。それは、いわゆる同盟国による占拠であるだけに、百済は相当この領土返還に苦慮したように思えます。それはともかく、この解釈は自分としては純学問的な史料批判による立論なのですが、それを任那（日本府）史観とか日本書紀史観などという名前で批判され、なにやら政治的思惑まで憶測されないかということを、私は心配しはじめました。

読者の大半は馬鹿馬鹿しい杞憂だと笑ってくださるとは思いますが、そのうちに日韓関係が悪化してゆき、嫌韓本が売られ、街にヘイトスピーチなるものが横行するようになって、臆病な私ははたしてこの時期にこの結論を公にするべきなのか真剣に悩んでしまいました。

けれども、これを引っ込めるのはささやかな私の学問的良心にそむくことでもあります。結局、編集部の方のご助言もあって、あえて世に出してしまったというのが、偽らざる心境なのです。

実際、『日本書紀』や『古事記』を立論の柱にするのも、まだまだ学界全体では躊躇されているようにみえます。エルビス・プレスリーの歌ではありませんが、賢い人《ワイズメン》なら、こんな方法を用いるのは愚か者《オンリーフールズ》だけだと言うかもしれません。ほかにいくらでもテーマはありそうです。しかし、誰かがやらなければならないなら、私がやろうという気持ちが今の私をかすかに支えているといっていいと思います。

ただ、私は、自分がやろうとしていることは決して先例のないことではないような気がしています。

すでに戦後早く、一九四八年に前田直典という東洋史学者が「応神朝という時代」という論文を発表しました。この論文は倭王讃を応神天皇に比定したことで知られていて、その結論には従えませんが、この論文の本質はそこではなく、内外の史料を比較検討して『日本書紀』の対外関係記事が「案外正しいものである」ことを示したことが重要なのです。

前田はこの論文の冒頭で「ヤマト国の形成過程」を「満州朝鮮などにおける国家形成と対応させて」考える必要を述べ、その出発点としてこの論文を書いたといっています。おそらく、前田は引き続きこの問題に迫るつもりだったでしょうが、翌年の一九四九年に三十三歳の若さで他界してしまいます。彼がどのような研究を行ったかは分かりませんが、おそらくは『日本書紀』や『古事記』の情報も十分に活用したものだった可能性は、この論文のスタンスからも想像できるように思います。

もちろん、私は前田直典のあとを継ぐなどとおこがましいことを言うつもりは毛頭ありませんが、戦後まもなく、古代史研究に一つの可能性が生まれていたことを記しておきたかったのです。ちなみに、同じ一九四八年、古代史研究史上、もう一つの重要な出来事がありました。それは、江上波夫による騎馬民族征服説の提唱です。私は、古代史研究を一時期席巻し、いまだにその影響力を保持している王朝ないし政権交替説は、この江上の説に端を発していると考えています。一九四八年は二人の東洋史家によって、日本古代国家成立を研究するについての、二つの道筋が示された年でもあったわけです。

以上、だらだらと書いてきましたが、本書は肝心の仁徳天皇については、たいへん乏しい記述に終わっています。これは『日本書紀』や『古事記』を使った叙述の限界でもあると思います。この限界を打破するのは、おそらくは考古学の成果だと思いますが、「はしがき」に触れたように、本書ではその成果はほとんど取り入れませんでした。史料の僅少な時代に人物を論じる難しさを痛感する作業となり、読者の期待にも答えることができなかったことを恥じるとともに、今後もとぼとぼとこの道を歩いていくであろうことを書き記しておきます。

また今回、色々なご迷惑をおかけした編集部の田引勝二さんに一言お礼の言葉を述べさせていただきます。ありがとうございました。そして最後に、『邪馬台国の滅亡』の時と同じように、三人の子供たちがこの本を手に取ってくれることを願っていることも書き添えておきたいと思います。

二〇一五年六月十四日

若井敏明

仁徳天皇年譜

＊『日本書紀』の編年が実年代とずれているので、西暦のみで表示する。
仁徳の生年はあくまで推測であって、年齢も目安にすぎない。

西暦	齢	関係事項	一般事項
三六五			このころ仲哀天皇、オキナガタラシヒメ（神功皇后）とともに九州に遠征。
三六六			倭国の使者が百済に至り、百済王からの献上品を持って帰国する。このころ、ホムタワケ（応神天皇）誕生か。
三六七			百済の使者が来倭。それより前に仲哀天皇が九州で急死。
三六八			このころ、ヤマト政権が山門の田油津媛を滅ぼす。
三六九			倭国、朝鮮南部に出兵。それより前に新羅、加羅地方に進出か。倭・百済同盟の成立。以後、百済は倭に定期的に文物を

			供給する。
三七〇			このころ、九州から凱旋した神功皇后の軍が忍熊王の軍を破り、ヤマト政権の実権を掌握する。
三八二			新羅が倭国への朝貢を中止する。
三八五			百済で辰斯王が即位して、倭国と距離を置き、高句麗と接近する政策をとる。
三八九			神功皇后死去。
三九〇	1	この頃、オオサザキ（仁徳天皇）誕生か。	応神天皇即位。この年、倭、朝鮮に出兵。
三九一	2		百済、阿花王即位。
三九三	4		倭、新羅の金城を包囲するも失敗。
三九六	7		高句麗、百済を攻める。
三九八	9		倭、百済の東韓など四つの地を奪い、王子を人質とする。
三九九	10		高句麗、百済攻撃を企てるも、倭の新羅攻撃の報を受け、出兵を中止。
四〇〇	11		高句麗、新羅救援の軍を送り、倭を撃退する。
四〇二	13	弓月君渡来。葛城襲津彦を加羅に派遣。	新羅、未斯欣を倭の人質とする。
四〇三	14	真毛津、百済から渡来か。	

四〇四	15	阿直岐、百済から渡来か。	
四〇五	16	倭、加羅に出兵し、秦の民と襲津彦を倭に連行する。またこの年、王仁、百済から渡来か。	百済、阿花王死去。倭に人質として滞在していた直支が帰国して即位する。倭、東韓の地を百済に返還。
四〇七	18		高句麗、百済と交戦か。
四〇八	19	漢の民、阿知使主に率られて渡来か。	
四一三	24	倭国、晋王朝に朝貢。	
四一五	26	このころ、応神天皇死去。呉から来た衣縫の一部を、オオサザキが所有することとなる。王位をめぐる内紛が起こる。	
四一八	29	未斯欣、倭を脱出して新羅に帰国。倭、葛城襲津彦を派遣して新羅を討つ。新羅の俘虜を葛城に住まわせる。	
四二〇	31		百済、直支王が死去し、久爾辛王即位。
四二一	33	倭王讃（仁徳天皇）、宋王朝に朝貢。このころ仁徳天皇即位か。	
四二五	36	倭王讃、司馬・曹達を遣わして宋王朝に朝貢。	
四三〇	41	倭王讃、宋王朝に使いを遣わす。	
四三一	42	上毛野の田道を新羅に遣わすか。	倭人、新羅に来寇。
四三二	43	このころ仁徳天皇死去するか。その後、住吉仲皇子の乱を経て履中天皇が即位する。	

四三二〜		履中死去し、反正天皇即位する。
四三八		倭国王珍（反正天皇）、宋王朝に朝貢。
四四三		倭国王済（允恭天皇）、宋王朝に朝貢。
四五一		倭国王済が使持節都督倭新羅任那加羅秦韓慕韓六国諸軍事安東将軍に叙される。

人名索引

※「仁徳天皇（オオサザキ）」は頻出するため省略した。

あ行

か　行

さ　行

や　行

ら・わ　行

事 項 索 引

地名索引

あ 行

か 行

さ 行

た 行

《著者紹介》

若井敏明（わかい・としあき）

1958年　奈良県生まれ。
大阪大学文学部国史学科卒業。
関西大学大学院文学研究科修了。博士（文学）。

現　在　関西大学，佛教大学非常勤講師。専攻は，日本古代史，史学史。

著　書　『行基辞典』共著，吉川弘文館，2004年。
『民衆の導者　行基』共著，吉川弘文館，2004年。
『平泉澄――み国のために我つくさなむ』ミネルヴァ書房，2006年。
『邪馬台国の滅亡――大和王権の征服戦争』吉川弘文館，2010年。

ミネルヴァ日本評伝選

仁《にん》徳《とく》天《てん》皇《のう》

――煙立つ民のかまどは賑ひにけり――

2015年７月10日　初版第１刷発行　〈検印省略〉

定価はカバーに
表示しています

著　者　若井敏明
発行者　杉田啓三
印刷者　江戸宏介

発行所　株式会社　ミネルヴァ書房

607-8494 京都市山科区日ノ岡堤谷町１
電話代表（075）581-5191
振替口座 01020-0-8076

共同印刷工業・新生製本

ISBN978-4-623-07419-8
Printed in Japan

刊行のことば

歴史を動かすものは人間であり、興趣に富んだ人間の動きを通じて、世の移り変わりを考えるのは、歴史に接する醍醐味である。

しかし過去の歴史学を顧みるとき、人間不在という批判さえ見られたように、歴史における人間のすがたが、必ずしも十分に描かれてきたとはいえない。二十一世紀を迎えた今、歴史の中の人物像を蘇生させようとの要請はいよいよ強く、またそのための条件もしだいに熟してきている。

この「ミネルヴァ日本評伝選」は、正確な史実に基づいて書かれるのはいうまでもないが、単に経歴の羅列にとどまらず、歴史を動かしてきたすぐれた個性をいきいきとよみがえらせたいと考える。そのためには、対象とした人物とじっくりと対話し、ときにはきびしく対決していくことも必要になるだろう。

今日の歴史学が直面している困難の一つに、研究の過度の細分化、瑣末化が挙げられる。それは緻密さを求めるが故に陥った弊害といえるが、その結果として、歴史の大きな見通しが失われ、歴史学を通しての社会への働きかけの途が閉ざされ、人々の歴史への関心を弱める危険性がある。今こそ歴史が何のためにあるのかという、基本的な課題に応える必要があろう。評伝という興味ある方法を通じて、解決の手がかりを見出せないだろうかというのも、この企画の一つのねらいである。

狭義の歴史学の研究者だけでなく、多くの分野ですぐれた業績をあげている著者たちを迎えて、従来見られなかった規模の大きな人物史の叢書として、「ミネルヴァ日本評伝選」の刊行を開始したい。

平成十五年（二〇〇三）九月

ミネルヴァ書房

ミネルヴァ日本評伝選

企画推薦
梅原　猛
ドナルド・キーン
佐伯彰一
角田文衞

監修委員
上横手雅敬
芳賀　徹

編集委員
石川九楊
伊藤之雄
猪木武徳
今谷　明
今橋映子
熊倉功夫
佐伯順子
坂本多加雄
武田佐知子
竹西寛子
西口順子
兵藤裕己
御厨　貴

上代

*俾弥呼　古田武彦
日本武尊　西宮秀紀
*仁徳天皇　若井敏明
雄略天皇　吉村武彦
*蘇我氏四代　遠山美都男
推古天皇　義江明子
聖徳太子　仁藤敦史
斉明天皇　武田佐知子
小野妹子・毛人　大橋信弥
*額田王　梶川信行
弘文天皇　遠山美都男
天武天皇　新川登亀男
持統天皇　丸山裕美子
阿倍比羅夫　熊田亮介
*藤原四子　木本好信
柿本人麿　古橋信孝
*元明天皇・元正天皇　渡部育子
聖武天皇　本郷真紹
光明皇后　寺崎保広
*孝謙・称徳天皇　勝浦令子
藤原不比等　荒木敏夫
橘諸兄・奈良麻呂　遠山美都男
吉備真備　今津勝紀
*藤原仲麻呂　木本好信
道鏡　吉川真司
*藤原種継　木本好信
大伴家持　和田　萃
*行基　吉田靖雄

平安

*桓武天皇　井上満郎
嵯峨天皇　西別府元日
宇多天皇　古藤真平
醍醐天皇　石上英一
村上天皇　京樂真帆子
花山天皇　上島　享
*三条天皇　倉本一宏
藤原薬子　中野渡俊治
小野小町　錦　仁
藤原良房・基経　瀧浪貞子
菅原道真　竹居明男
*紀貫之　神田龍身
源高明　所　功
*安倍晴明　斎藤英喜
藤原実資　橋本義則
*藤原道長　朧谷　寿
藤原伊周・隆家　倉本一宏
藤原定子　山本淳子
紫式部　竹西寛子
和泉式部　ツベタナ・クリステワ
大江匡房　小峯和明
*阿弖流為　樋口知志
坂上田村麻呂　熊谷公男
*源満仲・頼光　元木泰雄
平将門　西山良平
藤原純友　寺内　浩
空海　頼富本宏
最澄　吉田一彦
円珍　岡野浩二
*空也　石井義長
奝然　上川通夫
*源信　小原　仁
慶滋保胤　吉原浩人
*後白河天皇　美川　圭
式子内親王　奥野陽子
建礼門院　生形貴重
藤原秀衡　入間田宣夫
平時子・時忠　元木泰雄
平維盛　根井　浄
守覚法親王　阿部泰郎
藤原隆信・信実　山本陽子

鎌倉

源頼朝　川合　康
*源義経　近藤好和
源実朝　神田龍身
九条兼実　加納重文
九条道家　上横手雅敬
北条時政　野口　実
熊谷直実　佐伯真一
*北条政子　関　幸彦
北条義時　岡田清一
曾我十郎・五郎　杉橋隆夫
北条時頼　山本隆志
北条時宗　近藤成一
安達泰盛　山陰加春夫
平頼綱　細川重男
竹崎季長　堀本一繁
西行　光田和伸
藤原定家　赤瀬信吾
*京極為兼　今谷　明
*兼好　島内裕子
重源　横内裕人
*運慶　根立研介
快慶　井上一稔

法然　今堀太逸
慈円　大隅和雄
明恵　西山厚
親鸞　末木文美士
恵信尼・覚信尼　西口順子
覚如　今井雅晴
*道元　船岡誠
叡尊　細川涼一
*忍性　松尾剛次
*日蓮　佐藤弘夫
一遍　蒲池勢至
夢窓疎石　原田正俊
*宗峰妙超　竹貫元勝

南北朝・室町

後醍醐天皇　上横手雅敬
護良親王　新井孝重
*赤松氏五代　渡邊大門
*北畠親房　岡野友彦
楠正成　兵藤裕己
*新田義貞　山本隆志
*光厳天皇　深津睦夫
足利尊氏　市沢哲
佐々木道誉　下坂守
円観・文観　田中貴子
足利義詮　早島大祐
足利義満　川嶋将生
足利義持　吉田賢司
足利義教　横井清
大内義弘　平瀬直樹
伏見宮貞成親王　松薗斉
*山名宗全　山本隆志
細川勝元・政元　古野貢
日野富子　脇田晴子
世阿弥　西野春雄
雪舟等楊　河合正朝
宗祇　鶴崎裕雄
*満済　森茂暁
一休宗純　原田正俊
蓮如　岡村喜史

戦国・織豊

北条早雲　家永遵嗣
*毛利元就　岸田裕之
毛利輝元　光成準治
*今川義元　小和田哲男
*武田信玄　笹本正治
*武田勝頼　笹本正治
*真田氏三代　笹本正治
*三好長慶　天野忠幸
*宇喜多直家・秀家　渡邊大門
*上杉謙信　矢田俊文
島津義久・義弘　福島金治
長宗我部元親・盛親　平井上総
吉田兼倶　西山克
山科言継　松薗斉
*雪村周継　赤澤英二
正親町天皇・後陽成天皇　神田裕理
織田信長　三鬼清一郎
豊臣秀吉　藤井讓治
*北政所おね　田端泰子
*淀殿　福田千鶴
前田利家　東四柳史明
*黒田如水　小和田哲男
*蒲生氏郷　藤田達生
*細川ガラシャ　田端泰子
伊達政宗　伊藤喜良
*支倉常長　田中英道
*長谷川等伯　宮島新一
顕如　神田千里
教如　安藤弥

江戸

徳川家康　笠谷和比古
*徳川家光　野村玄
徳川吉宗　横田冬彦
*後水尾天皇　久保貴子
光格天皇　藤田覚
崇伝　杣田善雄
春日局　福田千鶴
宮本武蔵　渡邊大門
*池田光政　倉地克直
保科正之　八木清治
シャクシャイン　岩崎奈緒子
*田沼意次　藤田覚
*二宮尊徳　小林惟司
末次平蔵　岡美穂子
*高田屋嘉兵衛　生田美智子
*林羅山　鈴木健一
吉野太夫　渡辺憲司
中江藤樹　辻本雅史
*山崎闇斎　澤井啓一
山鹿素行　前田勉
*北村季吟　島内景二
伊藤仁斎　澤井啓一
貝原益軒　辻本雅史
松尾芭蕉　楠元六男
*ケンペル　B・M・ボダルト＝ベイリー
新井白石　大川真
荻生徂徠　柴田純
*雨森芳洲　上田正昭
石田梅岩　高野秀晴
前野良沢　松田清
平賀源内　石上敏
本居宣長　田尻祐一郎
杉田玄白　吉田忠
木村蒹葭堂　有坂道子
*大田南畝　沓掛良彦
菅江真澄　赤坂憲雄
*鶴屋南北　諏訪春雄
良寛　阿部龍一
*山東京伝　佐藤至子
*滝沢馬琴　高田衛
平田篤胤　山下久夫
シーボルト　宮坂正英
本阿弥光悦　岡佳子
小堀遠州　中村利則
狩野探幽・山雪　山下善也
尾形光琳・乾山　河野元昭
*二代目市川團十郎　田口章子
伊藤若冲　狩野博幸
鈴木春信　小林忠
*佐竹曙山　成瀬不二雄
葛飾北斎　岸文和
酒井抱一　玉蟲敏子
孝明天皇　青山忠正
*和宮　辻ミチ子
徳川慶喜　大庭邦彦
島津斉彬　原口泉

＊古賀謹一郎　小野寺龍太
永井尚志　高村直助
＊栗本鋤雲　小野寺龍太
西郷隆盛　家近良樹
＊塚本明毅　塚本　学
＊月　性　海原　徹
＊吉田松陰　海原　徹
＊高杉晋作　海原　徹
久坂玄瑞　一坂太郎
ペリー　遠藤泰生
ハリス　福岡万里子
オールコック　佐野真由子
アーネスト・サトウ　奈良岡聰智
緒方洪庵　米田該典
冷泉為恭　中部義隆

近代

＊明治天皇　伊藤之雄
＊大正天皇　F・R・ディキンソン
＊昭憲皇太后・貞明皇后　小田部雄次
大久保利通　三谷太一郎
山県有朋　鳥海　靖
木戸孝允　落合弘樹
井上　馨　伊藤之雄
＊松方正義　室山義正
北垣国道　小林丈広
板垣退助　小川原正道
長与専斎　笠原英彦
大隈重信　五百旗頭薫
伊藤博文　坂本一登
井上　毅　大石　眞
＊井上　勝　老川慶喜
＊桂　太郎　小林道彦
渡辺洪基　瀧井一博
＊乃木希典　佐々木英昭
＊児玉源太郎　小林道彦
＊高宗・閔妃　木村　幹
山本権兵衛　室山義正
＊金子堅太郎　松村正義
高橋是清　鈴木俊夫
小村寿太郎　簑原俊洋
＊犬養　毅　小林惟司
＊加藤高明　櫻井良樹
加藤友三郎・寛治　麻田貞雄
牧野伸顕　小宮一夫
田中義一　黒沢文貴
内田康哉　高橋勝浩
石井菊次郎　廣部　泉
平沼騏一郎　堀田慎一郎
鈴木貫太郎　小堀桂一郎
宇垣一成　北岡伸一
＊宮崎滔天　榎本泰子
＊浜口雄幸　川田　稔
幣原喜重郎　西田敏宏
関　一　玉井金五
水野広徳　片山慶隆
広田弘毅　井上寿一
安重根　上垣外憲一
＊グルー　廣部　泉
＊永田鉄山　森　靖夫
東條英機　牛村　圭
今村　均　前田雅之
蔣介石　劉　岸偉
石原莞爾　山室信一
木戸幸一　波多野澄雄
＊岩崎弥太郎　武田晴人
伊藤忠兵衛　末永國紀
五代友厚　田付茉莉子
大倉喜八郎　村上勝彦
＊安田善次郎　由井常彦
渋沢栄一　武田晴人
益田　孝　鈴木邦夫
山辺丈夫　宮本又郎
武藤山治　阿部武司・桑原哲也
西原亀三　森川正則
小林一三　橋爪紳也
大倉恒吉　石川健次郎
大原孫三郎　猪木武徳
＊河竹黙阿弥　今尾哲也
イザベラ・バード　加納孝代
＊林　忠正　木々康子
＊森　鷗外　小堀桂一郎
＊二葉亭四迷　ヨコタ村上孝之
夏目漱石　佐々木英昭
徳冨蘆花　半勝英明
巌谷小波　千葉信胤
樋口一葉　佐伯順子
＊島崎藤村　十川信介
泉　鏡花　東郷克美
上田　敏　小林　茂
＊有島武郎　亀井俊介
永井荷風　川本三郎
北原白秋　平石典子
菊池　寛　山本芳明
＊宮沢賢治　千葉一幹
正岡子規　夏石番矢
高浜虚子　坪内稔典
与謝野晶子　佐伯順子
＊種田山頭火　村上　護
＊斎藤茂吉　品田悦一
＊高村光太郎　湯原かの子
萩原朔太郎　エリス俊子
＊原阿佐緒　秋山佐和子
＊狩野芳崖・高橋由一　古田　亮
＊小堀鞆音　小堀桂一郎
竹内栖鳳　北澤憲昭
黒田清輝　高階秀爾
中村不折　石川九楊
横山大観　高階秀爾
＊橋本関雪　西原大輔
小出楢重　芳賀　徹
土田麦僊　天野一夫
岸田劉生　北澤憲昭
＊山田耕筰　後藤暢子
松旭斎天勝　川添　裕
中山みき　鎌田東二
佐田介石　谷川　穣
＊ニコライ　中村健之介
出口なお・王仁三郎　川村邦光
島地黙雷　阪本是丸
＊新島　襄　太田雄三
木下広次　冨岡　勝
海老名弾正　西田　毅
嘉納治五郎　クリストファー・スピルマン
柏木義円　片野真佐子
津田梅子　田中智子

*澤柳政太郎　新田義之
河口慧海　高山龍三
山室軍平　室田保夫
大谷光瑞　白須淨眞
*久米邦武　髙田誠二
フェノロサ　伊藤　豊
三宅雪嶺　長妻三佐雄
*岡倉天心　木下長宏
志賀重昂　中野目徹
徳富蘇峰　杉原志啓
竹越與三郎　西田　毅
内藤湖南・桑原隲蔵　礪波　護
岩村　透　今橋映子
*西田幾多郎　大橋良介
*金沢庄三郎　石川遼子
柳田国男　鶴見太郎
厨川白村　張　競
天野貞祐　貝塚茂樹
大川周明　山内昌之
西田直二郎　林　淳
折口信夫　斎藤英喜
辰野　隆　金沢公子
シュタイン　瀧井一博
*西　周　清水多吉
*福澤諭吉　平山　洋
福地桜痴　山田俊治
田口卯吉　鈴木栄樹
*陸　羯南　松田宏一郎
黒岩涙香　奥　武則
長谷川如是閑　織田健志
*吉野作造　田澤晴子
山川　均　米原　謙
*岩波茂雄　十重田裕一
*北　一輝　岡本幸治
*穂積重遠　大村敦志
中野正剛　吉田則昭
満川亀太郎　福家崇洋
*北里柴三郎　福田眞人
高峰譲吉　木村昌人
田辺朔郎　秋元せき
*南方熊楠　飯倉照平
寺田寅彦　金森　修
石原　純　金子　務
*辰野金吾　河上眞理・清水重敦
*七代目小川治兵衛　尼崎博正
ブルーノ・タウト　北村昌史

現代

昭和天皇　御厨　貴
高松宮宣仁親王　後藤致人
*李方子　小田部雄次
吉田　茂　中西　寛
マッカーサー　柴山　太
石橋湛山　増田　弘
重光　葵　武田知己
市川房枝　村井良太
*池田勇人　藤井信幸
高野　実　篠田　徹
和田博雄　庄司俊作
朴正熙　木村　幹
竹下　登　真渕　勝
*松永安左ェ門　橘川武郎
鮎川義介　井口治夫
*出光佐三　橘川武郎
松下幸之助　米倉誠一郎
渋沢敬三　井上　潤
*本田宗一郎　伊丹敬之
井深　大　武田　徹
*佐治敬三　小玉　武
幸田家の人々　金井景子
*正宗白鳥　大嶋　仁
大佛次郎　福島行一
*川端康成　大久保喬樹
*薩摩治郎八　小林　茂
松本清張　杉原志啓
安部公房　鳥羽耕史
*三島由紀夫　島内景二
井上ひさし　成田龍一
R・H・ブライス　菅原克也
柳　宗悦　熊倉功夫
バーナード・リーチ　鈴木禎宏
イサム・ノグチ　酒井忠康
川端龍子　岡部昌幸
藤田嗣治　林　洋子
*井上有一　海上雅臣
*手塚治虫　竹内オサム
古賀政男　藍川由美
*吉田　正　金子　勇
武満　徹　船山　隆
*八代目坂東三津五郎　田口章子
*力道山　岡村正史
*西田天香　宮田昌明
安倍能成　中根隆行
サンソム夫妻　平川祐弘・牧野陽子
和辻哲郎　小坂国継
矢代幸雄　稲賀繁美
石田幹之助　岡本さえ
*平泉　澄　若井敏明
安岡正篤　片山杜秀
島田謹二　小林信行
田中美知太郎　川久保剛
前嶋信次　杉田英明
唐木順三　澤村修治
保田與重郎　谷崎昭男
*福田恆存　川久保剛
井筒俊彦　安藤礼二
小泉信三　都倉武之
*瀧川幸辰　伊藤孝夫
矢内原忠雄　等松春夫
*フランク・ロイド・ライト　大久保美春
*中谷宇吉郎　杉山滋郎
大宅壮一　有馬　学
今西錦司　山極寿一

*は既刊
二〇一五年七月現在